JN312434

新経済学ライブラリ〈別巻9〉

経済・経営系
数学概説
第2版

竹之内 脩 著

新世社

第 2 版へのまえがき

　本書の上梓以来，もう 10 年近い月日が経ってしまった。この間に，初版で使ったデータは古くなっていくので，それを新しいものに替えなくては，と思いつつ，時日ばかりが過ぎていった。幸い，このたび新世社からのおすすめもあって，データを新しいものに替えるとともに，本文にも多少の手を入れることとした。

　2008 年末に起こった経済の変動は，さまざまな問題を引き起こしているわけであるが，本書で扱っているような経済の基本的な構造は変わらない。データを扱う上で基本となるのは，数理的な解析である。本書は，とくにその基礎を学ぶ入門書として著述したものであるので，そのような現象をみるためのお役に立つことを念願している。

　　　　平成 21 年 8 月

著者しるす

初版へのまえがき

　本書は，経済，経営系に学ぶ人たちに対する一般教養的数学の教科書として述作したものである。

　経済数学を本式に学ぶとすれば，理工系と同じ数学の力が必要である。近年，ノーベル経済学賞を受賞する人たちの業績には，経済数学に関するものが多いと聞く。そのようなものを究めていこうとすれば，数学者と同じような研鑽が必要であろう。

　ところで，経済，経営系に進学した学生諸君は，文科系という意識で来られるため，高等学校での数学を積極的に学んでいる人はあまりいないようである。

　数学の素養としては，微分積分法，線形代数は，やはり身につけておいてもらわないと，先への進展は望めない。これらは，いろいろなことの記述，分析に不可欠なのである。

　本書著者も，この方面に志す学生の教育にあたって，いろいろな試みをしてきた。しかし，従来出版されている教科書には，この方面に意を用いたものは見あたらず，理工系向けに書かれたものか，全く一般向けかのものであり，また経済数学入門として書かれているものもあるけれども，その内容は，教科書向きではないように感ぜられた。

　以上のような点をふまえて，本書を執筆したものである。

　大学の一般教養で教えられる先生はだいたい数学科出身の人たちで，経済関係には馴染みがないと思われる。本書著者もその一人であるので，どのような内容が，ここで目的としたことにふさわしいか苦慮した。いろいろな書物を参考にして，数学的にむずかしい内容は避け，なるべく事例を多く取り入れることを念頭において書いたつもりである。しかしなお自ら不満に感じ

ている点も多く，多くの方々のご叱正を仰ぎたい．不十分な説明，不適切な例，取り入れるべきよりよい材料等，ご教示頂いて，更によい内容のものとしていきたい．

　本書第 1 章から第 5 章は微分積分法に関するものであり，第 6 章から第 9 章は線形代数に関するものである．この二つの部分は相互に関連はなく，切り離された内容なので，実際の教授に当たっては，後半の線形代数の部分からはじめることも考えられる．

　幸い，本書が，江湖の諸先生方の意に沿うものになることを念願している．

　　　平成 10 年 11 月

著者しるす

目 次

0 数値の動き　1

- 0.1 グローバルな動きとローカルな動き ……………………………… 2
- 0.2 表とグラフ……………………………………………………………… 4
- 0.3 関　数………………………………………………………………… 7
- 0.4 分析と予測……………………………………………………………… 9
- 0.5 経済問題，社会問題におけるデータ ………………………………… 11
- 0.6 社会科学と自然科学…………………………………………………… 14

1 基礎的な関数　15

- 1.1 1 次 関 数……………………………………………………………… 16
- 1.2 2 次 関 数……………………………………………………………… 28
- 1.3 分 数 関 数……………………………………………………………… 30
- 1.4 平方根の関数，逆関数………………………………………………… 34
- 1.5 累乗の一般化…………………………………………………………… 36
- 練 習 問 題………………………………………………………………… 39

2 微分法入門　41

- 2.1 接　線………………………………………………………………… 42
- 2.2 導関数と微分…………………………………………………………… 44
- 2.3 微分の方法 (1) ——和，定数倍，積，商の微分法………… 48
- 2.4 微分の方法 (2) ——合成関数の微分法………………………… 50

目次

  2.5　費用と限界費用 …………………………………………… 52
  2.6　2 項 定 理 …………………………………………………… 54
  　　練 習 問 題 …………………………………………………… 60

3　微分法の応用——値の動きの分析　63

  3.1　関数値の増減 ………………………………………………… 64
  3.2　極　　値 ……………………………………………………… 65
  3.3　曲線の曲がり方 ……………………………………………… 67
  3.4　極値の判定 …………………………………………………… 68
  3.5　費用と利潤 …………………………………………………… 71
  3.6　需要，供給の価格弾力性 …………………………………… 74
  3.7　景気動向指数（DI）………………………………………… 78
  　　練 習 問 題 …………………………………………………… 79

4　指数関数的増大　81

  4.1　指数関数的増大 ……………………………………………… 82
  4.2　等 比 数 列 …………………………………………………… 88
  4.3　対 数 関 数 …………………………………………………… 92
  4.4　指数関数，対数関数の微分法 ……………………………… 96
  4.5　増殖の問題 …………………………………………………… 100
  4.6　正規分布曲線 ………………………………………………… 103
  　　練 習 問 題 …………………………………………………… 106

5　多変数問題　107

  5.1　2 変数の関数 ………………………………………………… 108
  5.2　偏　微　分 …………………………………………………… 110

目　次　　　　　　　　　　vii

5.3　接　平　面 ……………………………………………… 111
5.4　全　微　分 ……………………………………………… 113
5.5　極大・極小, ヘッシアン ……………………………… 116
5.6　条件付き極大・極小 …………………………………… 120
5.7　生産関数と効用関数 …………………………………… 124
　　　練 習 問 題 …………………………………………… 129

6　行　列　　131

6.1　多 元 の 量 ……………………………………………… 132
6.2　多元の量の間の演算 …………………………………… 134
6.3　表 …………………………………………………………… 136
6.4　表 と 行 列 ……………………………………………… 138
6.5　行列の演算（1）──行列の加法, 数を掛ける演算 ……… 139
6.6　行列の演算（2）──行列の乗法 ……………………… 141
　　　練 習 問 題 …………………………………………… 143

7　連立1次方程式　　145

7.1　連立1次方程式 ………………………………………… 146
7.2　逆　行　列 ……………………………………………… 148
7.3　3元以上の連立1次方程式 ……………………………… 150
　　　練 習 問 題 …………………………………………… 154

8　産業連関問題　　155

8.1　産業連関問題 …………………………………………… 156
8.2　投入産出表 ……………………………………………… 161
8.3　投 入 係 数 ……………………………………………… 163

8.4 レオンティエフの基本方程式 ………………………………… 165
8.5 レオンティエフの基本方程式の応用 ………………………… 167
8.6 付加価値 ……………………………………………………… 169
8.7 物量表示の投入産出表 ………………………………………… 170
練習問題 …………………………………………………………… 172

9 線形計画法　173

9.1 数理計画 ……………………………………………………… 174
9.2 1次不等式 …………………………………………………… 175
9.3 線形計画問題 ………………………………………………… 178
9.4 単体法の原理 ………………………………………………… 180
9.5 単体表 ………………………………………………………… 182
9.6 単体表の計算 ………………………………………………… 184
練習問題 …………………………………………………………… 185

参考図書 ……………………………………………………………… 187
問題解答 ……………………………………………………………… 188
索引 …………………………………………………………………… 198
著者紹介 ……………………………………………………………… 202

数値の動き　0

　われわれは，日常，いろいろな数値に取り囲まれて暮らしている。

　　　物の値段，光熱費，交通運賃，乗り物のスピード，気温，
　　　円相場，株価，地価，住居費，税金，人口・・・。

　これらは，時とともに変動していく。短期間での変動もあれば，長い期間を経てやっと目に見えるようになる変動もある。

　これらの値の変動を，わかりやすく，目に見えるようにするために，新聞紙上などでも，グラフで示されていることも多い。

　経済，社会問題を考えていくためには，このような値の動きを分析していくことが大切なことになる。そのような分析のための基礎になる数学的な手段について考えよう。

0.1 グローバルな動きとローカルな動き

われわれは，日常，いろいろな値の動きと共に，暮らしている。

図 0.1〜図 0.3 には，いろいろなデータをもとにしたグラフをあげた。

これらのデータを扱うときには，こまごましたことに気をとられずに，まず巨視的に（グローバルに）全体を眺める。そして，大体の流れをつかんだうえで，細部に（ローカルな動きに）目を走らせる。

データの動きは実にさまざまであるが，しかし，その中にも，あるパターンがあり，この動きは普通だとか，これは少し異常だとか，ここでは何かあったな，とかいうようなことが，その動きの中から読みとられる。

数学で扱えることは，パターン化された，大きな動きである。それらの動きの中にある基本的な形をとらえ，解析していくのがその仕事である。

数値の動きについて，その意味を実際的に解釈し，また細かな変動を分析することは，それぞれの専門分野での仕事として，学んでいくことになるであろう。

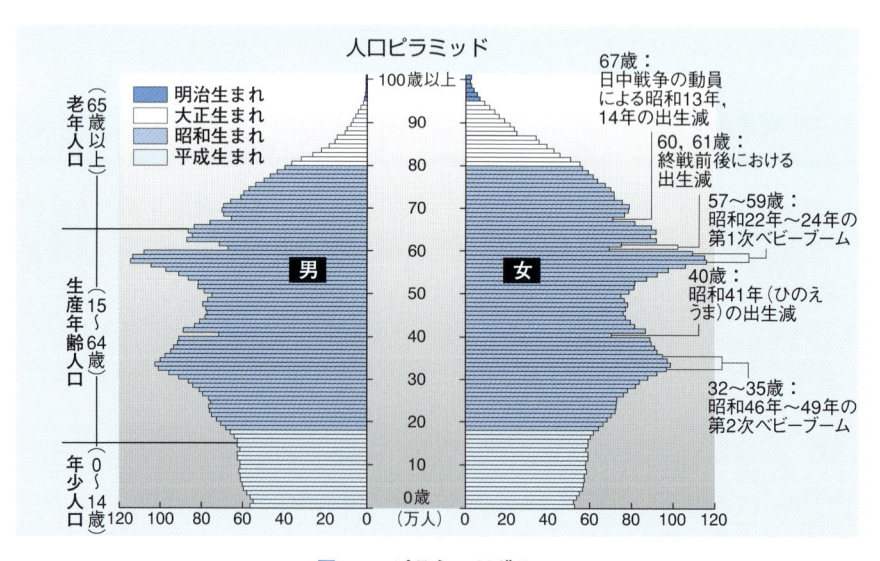

図 0.1 ピラミッドグラフ
（出所） 総務省統計局 HP

0.1 グローバルな動きとローカルな動き　　　3

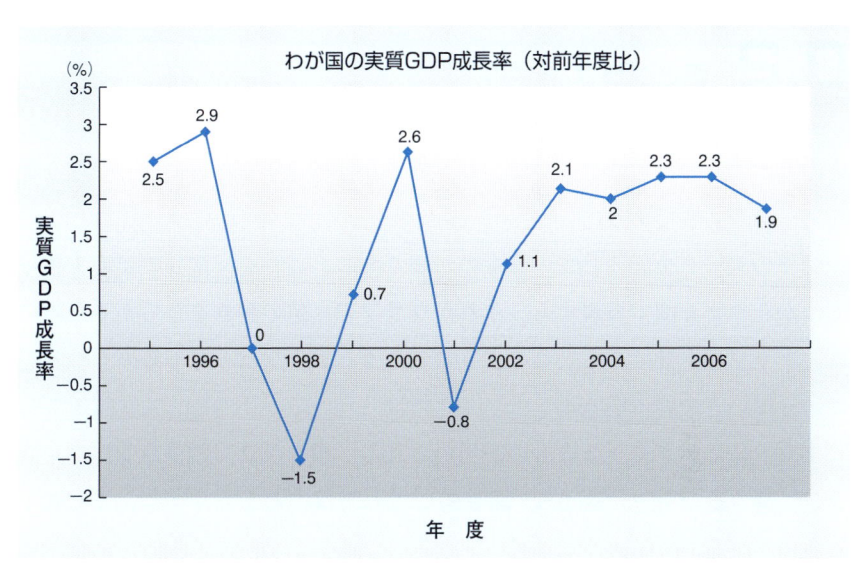

図 0.2 折れ線グラフ
（データ出所）　内閣府経済社会総合研究所「平成 19 年度国民経済計算確報」

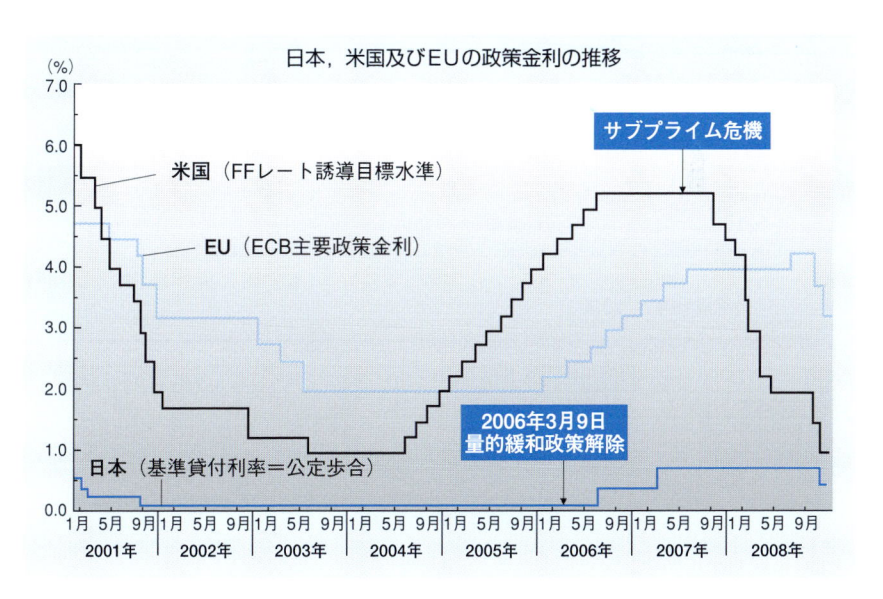

図 0.3 階段グラフ
（出所）　財務省 HP（http://www.mof.go.jp/singikai/kokusai/siryou/d201203_2.pdf）

0.2 表とグラフ

前のページでは，グラフでいろいろなものの値の動きを示した。しかし，そのもとのものは数値データであり，細かな分析をするためには，詳細な数値データが必要である。

個々のデータを記述しているものが**表**である。これを，適宜の尺度を使ってわかりやすく図で表現する。それが**グラフ**で，値の動きをとらえるためには，グラフは有効である。このようにデータとグラフは不即不離のものとして考えていきたい（図 0.4）。

グラフには，さまざまなものが用いられる。**線グラフ**，**円グラフ**，**パイグラフ**，**棒グラフ**等々（図 0.5，図 0.6）。これらは，わかりやすく，また強く

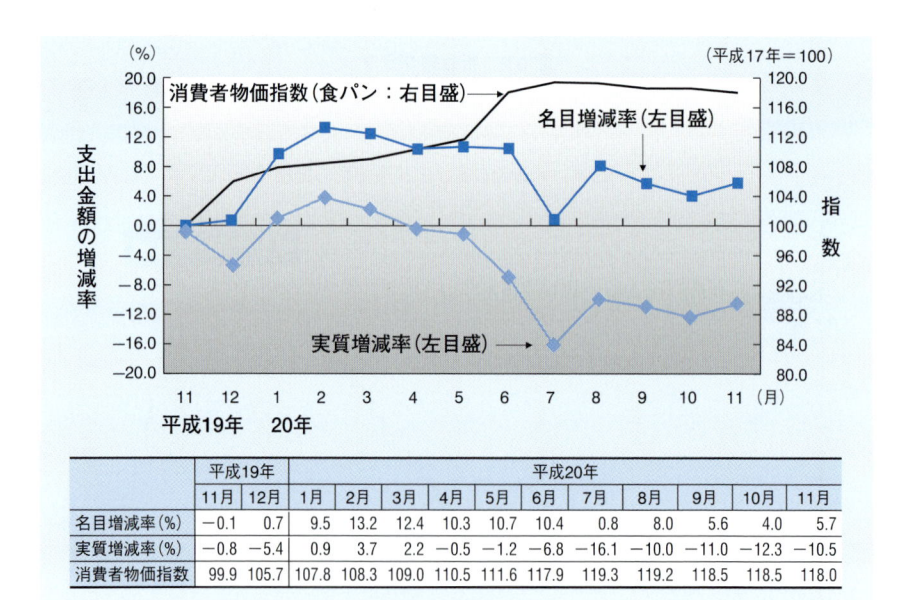

	平成19年		平成20年									
	11月	12月	1月	2月	3月	4月	5月	6月	7月	8月	9月	10月	11月
名目増減率(%)	−0.1	0.7	9.5	13.2	12.4	10.3	10.7	10.4	0.8	8.0	5.6	4.0	5.7
実質増減率(%)	−0.8	−5.4	0.9	3.7	2.2	−0.5	−1.2	−6.8	−16.1	−10.0	−11.0	−12.3	−10.5
消費者物価指数	99.9	105.7	107.8	108.3	109.0	110.5	111.6	117.9	119.3	119.2	118.5	118.5	118.0

図 0.4 表とグラフ

（注） 食パンの増減率の実質化（年ごとの比較のための調整処理）には，消費者物価指数（食パン）を用いている。

$$\text{実質増減率} = \left\{ (100 + \text{当該月の名目増減率}) \div \left(100 + \frac{\text{当該月の消費者物価指数}}{\text{前年同月の消費者物価指数}} \right) \right\} \times 100$$

（出所） 総務省統計局 HP（価格が上昇した主な品目の対前年同月増減率の推移）

0.2 表とグラフ

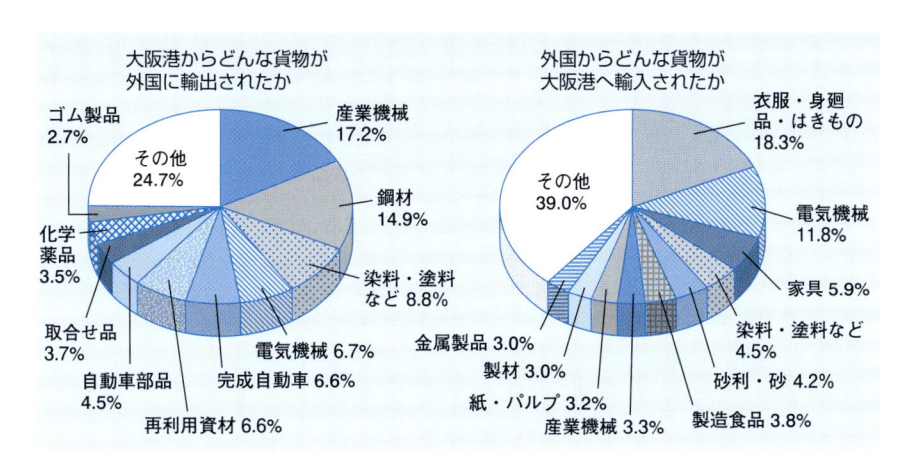

大阪港からどんな貨物が外国に輸出されたか
- 産業機械 17.2%
- 鋼材 14.9%
- 染料・塗料など 8.8%
- 電気機械 6.7%
- 完成自動車 6.6%
- 再利用資材 6.6%
- 自動車部品 4.5%
- 取合せ品 3.7%
- 化学薬品 3.5%
- ゴム製品 2.7%
- その他 24.7%

外国からどんな貨物が大阪港へ輸入されたか
- 衣服・身廻品・はきもの 18.3%
- 電気機械 11.8%
- 家具 5.9%
- 染料・塗料など 4.5%
- 砂利・砂 4.2%
- 製造食品 3.8%
- 産業機械 3.3%
- 紙・パルプ 3.2%
- 製材 3.0%
- 金属製品 3.0%
- その他 39.0%

図 0.5　パイグラフ
（出所）　大阪市港湾局『わたしたちのくらしと大阪港』

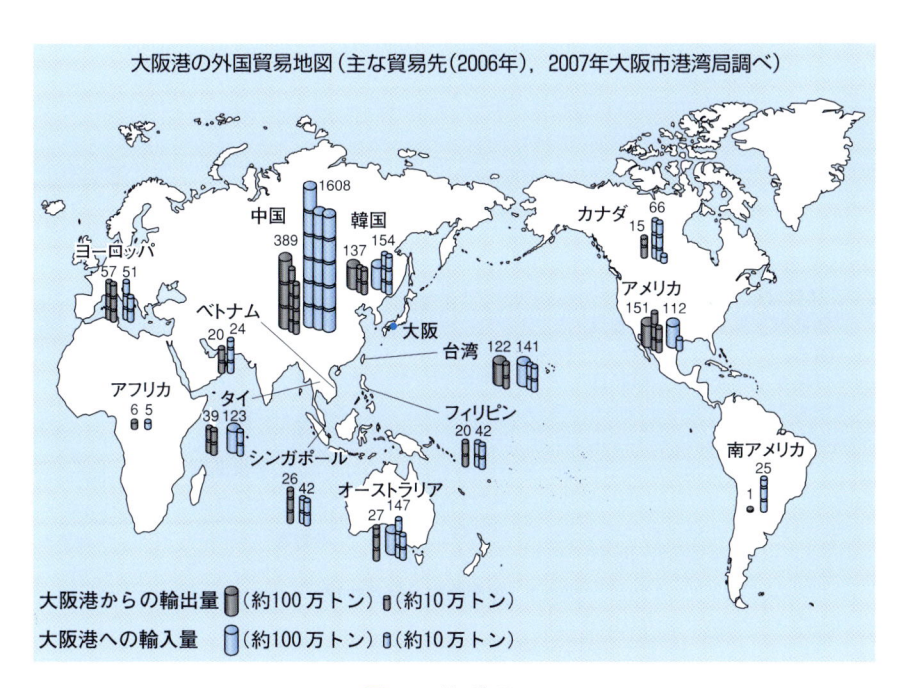

大阪港の外国貿易地図（主な貿易先（2006年），2007年大阪市港湾局調べ）

- 中国 1608 / 389
- 韓国 154 / 137
- カナダ 66 / 15
- アメリカ 151 / 112
- 台湾 122 / 141
- フィリピン 20 / 42
- ベトナム 20 / 24
- タイ 39 / 123
- シンガポール 26 / 42
- オーストラリア 27 / 147
- ヨーロッパ 57 / 51
- アフリカ 6 / 5
- 南アメリカ 25 / 1

大阪港からの輸出量　■（約100万トン）　▫（約10万トン）
大阪港への輸入量　■（約100万トン）　▫（約10万トン）

図 0.6　棒グラフ
（注）　数値は各国との輸出入量を表す（単位：万トン）。
（出所）　大阪市港湾局『わたしたちのくらしと大阪港』

印象づけることを目的として工夫されてきたもので，目的に応じていろいろなものが用いられている．また，グラフのうちには，実際のデータに基づかない概念的なものもある．図 0.7 に示した需要曲線，供給曲線などがそのようなもので，これは，事象の概念的な説明のために用いられる．

しかし，われわれは，値の動きを問題にしていこうとしている．そのためには，時間や長さ，重さ，個数など，もとになるものの値を横軸に，調査対象の数量を縦軸にとって描いた線グラフが適当である．

グラフでは，全体としての傾向など，大づかみのことはわかるけれども，値の動きを分析するためには適当でない．分析のためには，個々のデータの動きを記述した表がもとになる．表は，無味乾燥な数字の羅列のように見えるけれども，これこそが情報の源である．

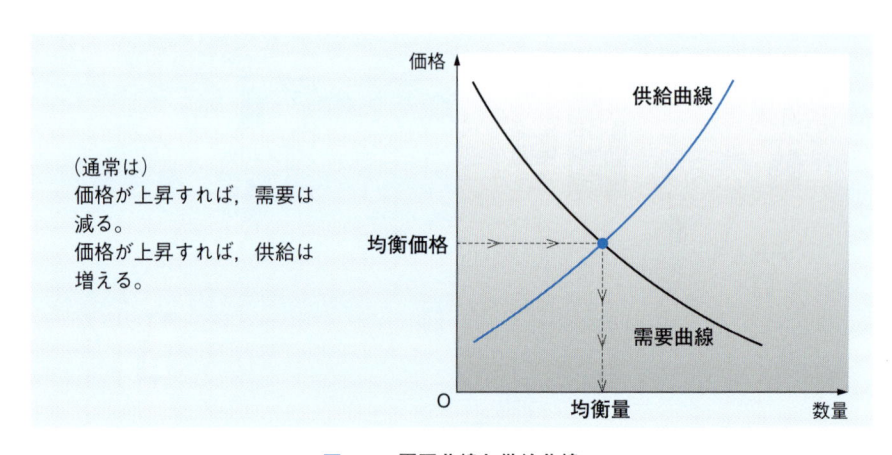

図 0.7 需要曲線と供給曲線

0.3 関数

われわれが調べるのは，値の動きである。もとになる時間，長さ，重さ，個数などの数量の変化に対応して，調査対象の数量がどのように変化していくかに注目して調べる。

数学ではこれらいろいろな数量を**変数**という。経済問題においては，このような数量のもとになる対象は**財**とよばれる。

そして，もとになる変数のそれぞれの値に対応して，対象となる変数の値が一つずつ対応し，もとになる変数の値の変化に伴って，対応する変数の値が変化していくとき，そのようなものを**関数**という（図 0.8）。

もとになる変数は，時間の場合には t，その他の場合には x で表されるのが通例である（もちろん，そうでない場合もある）。そして，対応する変数を y で表す。

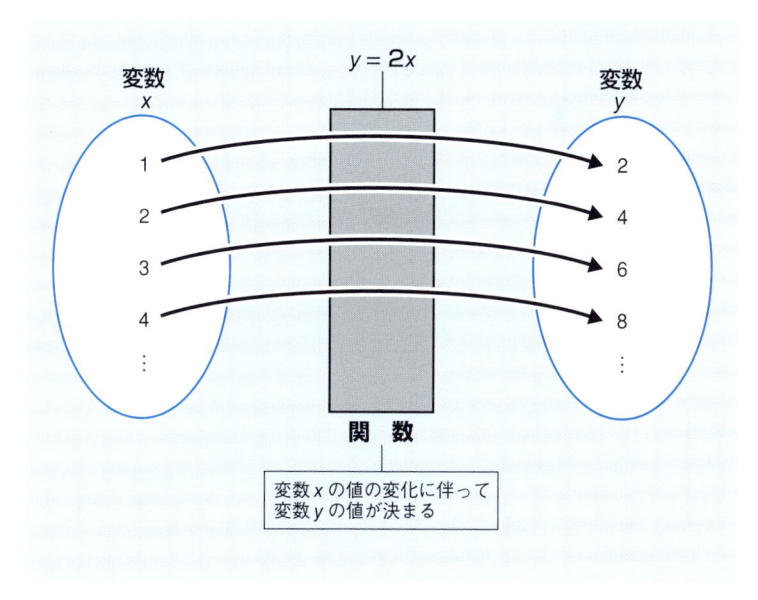

図 0.8 関数（イメージ図）

x のおのおのの値に対して y の値が一つずつ対応して定まり，x の変化に伴って y の値も変化していくとき，y を x の関数であるという（図 0.9，x の値が変化しても，y の値が変わらないこともあるが，それも，一つの変化の様態として考える）。

いままで，われわれが扱って知っている関数としては，次のようなものがある。

直線で表される 1 次関数
放物線で表される 2 次関数
その他，反比例の関数，平方根の関数

これらについては，次の章で考えることとする。

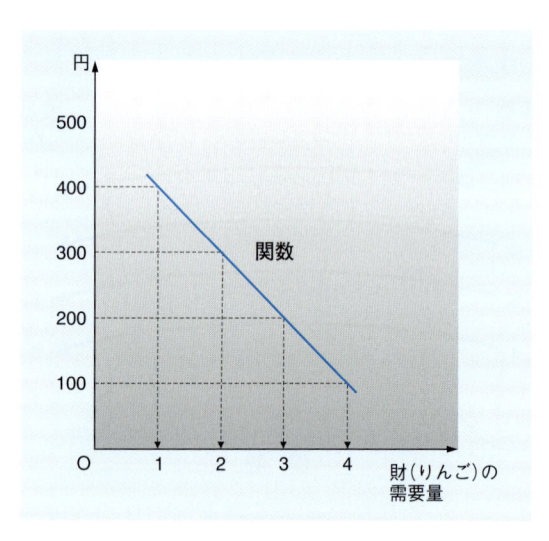

図 0.9　財（りんご）と価格の関数

0.4 分析と予測

科学において，数式的表現を活用する意味は，分析と予測にある。

図 0.10，図 0.11 からは，データの値の動きによって，そのときの社会情勢との関連がわかる。社会科学としては，これも分析の一つの方向である。

しかし，更に深く量的な関係を調べ，現象が，どのような原理，機構に基づいて生起したものかを探り，できるだけ普遍的な構造を見つけたい。そのための手段の追求によって理論が生まれる。このようなときに，数式的表現は活用される。

予測とは，将来，どのようなことが生ずるかを見るものである。普遍妥当的な理論ができれば，その理論に基づいて，将来予測もできる。しかし，自然科学の問題は別として，経済問題，社会問題では，そのようなことは困難である。したがって，現時点までのことを調べて将来予測をする。それは，

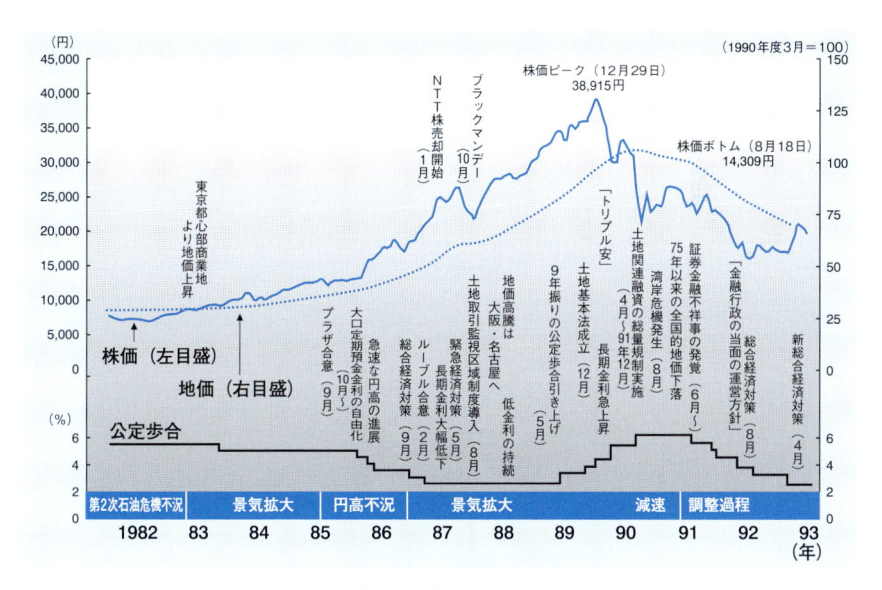

図 0.10 株価・地価の動きとその背景

（備考） 株価は日経平均株価，地価は市街地価格指数の六大都市全用途平均。
（出所） 「経済白書」（平成 5 年版）

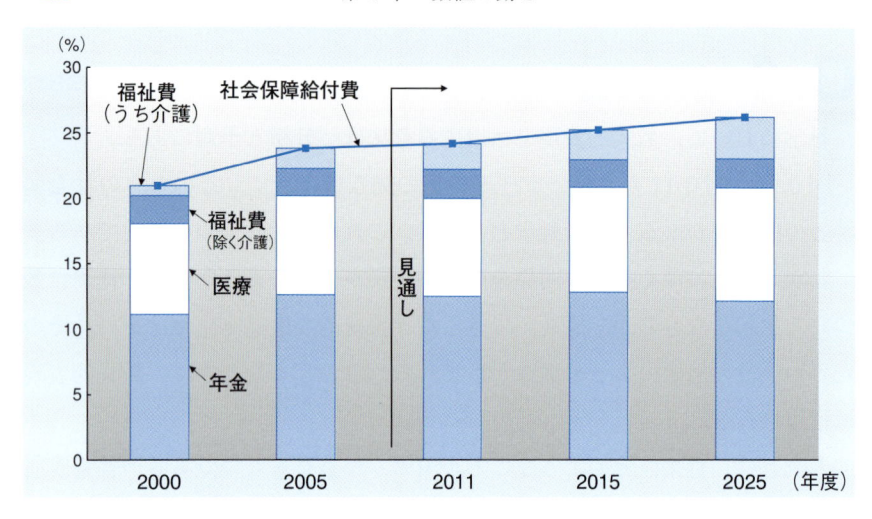

図 0.11　高齢化が財政に与える影響（社会保障給付費の国民所得に対する比率）
医療・介護の給付が相対的に増加。
（備考）　国立社会保障・人口問題研究所「平成17年度社会保障給付費」，厚生労働省「社会保障の給付と負担の将来見通し」(2006) により作成した。
（出所）　内閣府「平成20年度年次経済財政報告」

　その理論を立てる人により，また使う手段により，必ずしも結論は同じではない。しかしながら予測こそが議論の中心である。われわれも，そのための手段を考えていくことを目標とする。

0.5 経済問題，社会問題におけるデータ

　数学では，数式表現された関数を扱う。それらは，いわば理想化された関数であり，実際の経済問題，社会問題において観測される関数は，そのような"きれいな"形のものではない。

(1) 連続的変化と離散的変化

　数学では，時間や長さなどのように，連続的にどのような値でもとることのできる変数を考えるのが普通である。しかし，実際に観測される数値は，とびとびの時点，場所でしか得られない。すなわち，離散的なデータである。また，本来は，時間や距離など，連続的に変化する変数の変化に伴って連続的に変化しているはずのものでも，観測されるのは離散的なデータである。そうすると，これらの問題に数学的な関数を直ちにあてはめることはできない。それでは，このような問題の解析に，数学はどのように対処していったらよいであろうか。

　一つの重要な問題点がある。

　それは，離散的なデータは，扱いが非常に困難なことである。統一的な手段を見つけることがむずかしい。一方，連続的な変数については，その数式表現を通じて，それを処理する豊富な手段がある。また，上に述べた時間や距離などの例のように，本来，連続的な変化としてとらえるべきことも多いのである。

　このように，データの底に横たわる数式的な表現をどのようにとらえたらよいかが，まず考察すべき問題になる。

(2) パターン化

　前の節に述べたように，数学的な関数としては，すでにいろいろなものを知っているわけである。そして，それらのグラフはきれいな曲線として表される。しかし，実際問題に登場するグラフはぎざぎざで，このようなきれい

な形ではない．そして，そのようなものを個別に扱っても，得るところは少ないと思われる．それよりも，これらに対して標準のパターンを考えて，その性質のもとにデータの流れを理解するようにしたほうがよいであろう．

(3) 変　動

以上のように，データをパターン化してとらえようとすると，当然それからの"ずれ"が問題になる．このずれの意味を解明することも，実際のデータを扱う上では，重要な仕事である．

このずれ，すなわち変動にも，二通りのことが考えられる．

a. 意識的変動　一例として，2008年4月1日からガソリンの暫定税率が失効したケースがあげられる（図0.12）．このとき消費者は4月1日をまってガソリンを入れようとしたため，月初にガソリン支出が増加している．その後，4月30日に税制改正法案が成立し，5月1日からまた暫定税率が復活したため，4月末にはかなりの駆け込み需要が見られた（図0.13）．このように，明確な理由によって，これまでのデータから想定されるパターンからデータの値が大きくずれることがある．

b. 偶然変動　上に述べたようなはっきりした理由はなくても，小さなゆらぎは，実際のデータにはしょっちゅうつきまとっている．それは，例えば，あ

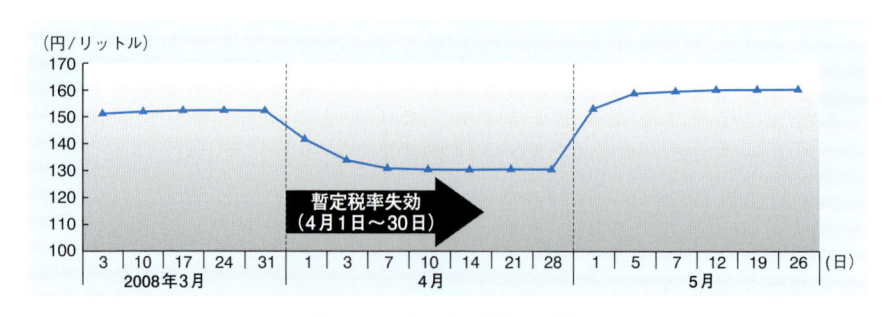

図0.12　ガソリン価格の推移

4月半ば頃にはほぼ本則の税率分までガソリン価格は低下．
（備考）　財団法人石油情報センター「週次調査及び臨時調査のレギュラー価格」により作成．
（出所）　内閣府「平成20年度年次経済財政報告」

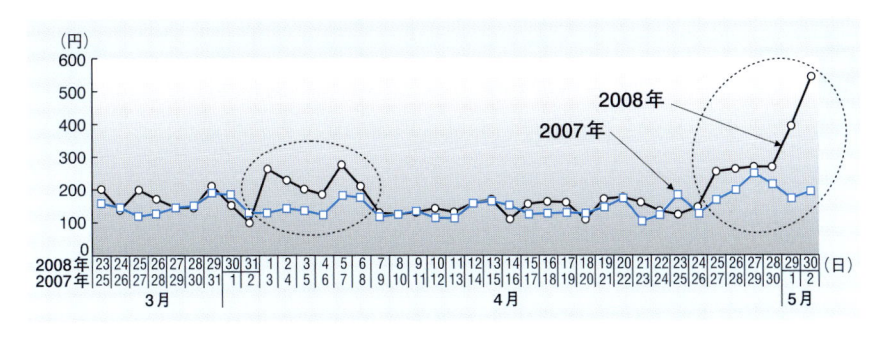

0.5 経済問題，社会問題におけるデータ

図 0.13 日別ガソリン支出額（2人以上の世帯，1世帯当たり）
(注) 点線で囲まれた部分は月初，月末に駆け込み需要が見られたところである。
(備考) 1　総務省「家計調査」により作成。
　　　 2　前年同時期の同曜日との比較。
(出所) 内閣府「平成20年度年次経済財政報告」

　る交差点における人の流れを考えてみれば，容易に想像されることである。土曜，日曜は別として，日中のある時間帯では，同じような人の流れがあると思われるのに，実際は多かったり少なかったりで，いろいろ変動する。また，電車，バス等の交通機関では，発着の時刻はきまっていても，それからの多少のずれは，当然ある。大きなずれは別として，小さなずれは，日常的である。そのような変動をもたらす理由をとくに追究すれば何かあるとしても，それがさほどの意味をもたなければ，単なるゆらぎとして考えるほうが実際的である。

　さて，このような変動の解析は，数学の仕事ではない。それは，経済学的，社会学的，あるいはその他の観点から考えなければならない。数学としては，これらの夾雑物を除いた"きれいな"形のパターンを，どのように作っていったらよいか，ということが問題である。

　よく，複雑な現象に対して，数学でやれば何かがわかる，というようなことがいわれるが，数学は，そのようなことには役に立たない。諸学問からの帰結として何かが望まれたときに，それを実証するための手段として活用されるものなのである。

0.6 社会科学と自然科学

　ここで，社会科学と自然科学における理論の立て方の相違点について考えておこう．

　どちらも，実際的な現象を目の前にして，そのもとになる原理を探り，それからの理論的帰結として，その現象を解明しようとする．

　自然科学にあっては，その原理は絶対的なものであって，誰がやっても，同じ現象には同じ法則があてはまる．もちろん，それは時に修正が要求されることがあっても，いちおうそのまま普遍的に妥当なものでなくてはならない．

　社会科学では，原理として求めたものが，どんな場合にもあてはまる，ということはまずない．

　第一に，同じことを繰り返してやってみるということは，大抵の場合，不可能であろう．

　第二に，その現象は対象によって異なり，ある場合には成立したことも，他の場合には成り立たないということも当然あり得る．

　第三に，それは時代とともに変わっていく．

　このようなわけで，求められたものが普遍的な意味をもつものとはならないのである．ここに，学説というものが登場し，その原理を巡って争論が闘わされる．

　原理は，論理的モデルを作り出す．そのモデルが数式表現をもてば，数学的な解明がなされる．そのように形式化されたものの間では，類似のパターンというものがあり得て，そのパターンを引き起こした力が，異なる現象の間にも共通の起動力として横たわることを認識することもあるのである．

基礎的な関数

われわれがいままでに扱って知っている関数は，

　　1次関数，2次関数，反比例の関数，平方根の関数など

である。これらは，これからの考察で基礎となる関数である。

　これらの関数の性質をレヴューすることからはじめる。

　1次関数は最も簡単な関数である。そのことは，同時に，最も使われる関数であることを意味する。いろいろな量を足したり引いたり，というのは，日常最も普通になされる行為であり，それを表現するのが1次関数である。

　この章では，1次関数とともに，1次式の考察もする。そのうちでも重要なのは，平均の概念である。どのようなところに登場するかも込めて，考えてみよう。

　1次関数に加えて，2次関数，3次関数，・・・も考えられる。後々，いろいろな場面で登場してくるが，これらは単独に考えても，それほどの意味はない。

　1次関数は正比例の関数からできている。反比例を表すのが分数関数である。

　平方根の関数もあるが，それを一般にした累乗の関数は，経済学では多用されるので，それについての考察も，この章で考えておこう。

1.1　1 次関数

関数のうち，最も簡単でかつ基本的なものは，1 次関数である。

例えば，1 本 160 円のボールペンを 2 本買えば，値段は $160 \times 2 = 320$（円）。6 本買えば，$160 \times 6 = 960$（円）である。
一般に x 本買うとすると，支払う金額を y 円とすれば，

$$y = 160 \cdot x$$

である。このとき，y は x に比例（正比例）するという。

一般に比例関係は，

$$y = ax$$

という形で表される。a を比例定数という。

このような関係は，われわれの生活のいたるところに現れる。例えば，自動車で，時速 60 km で 10 分間走れば，走行距離は，$60 \times \dfrac{10}{60} = 10$ km である。このとき比例定数 a は 60 であるが，もし，時速 40 km で走るときは，比例定数は 40 となり，走行距離は，$40 \times \dfrac{10}{60} = 6\dfrac{2}{3}$ km となる。しかし，時間と距離の関係は，同じ $y = ax$ という式で表される。数式を用いる便利さは，このようなところにあるのであって，同じ関係を同じ式で表すことによって，使われる場面は異なっても，議論は同じようになされる。

比例関係をグラフに表せば，図 1.1 のように，原点を通る直線上に点が並ぶことになる。

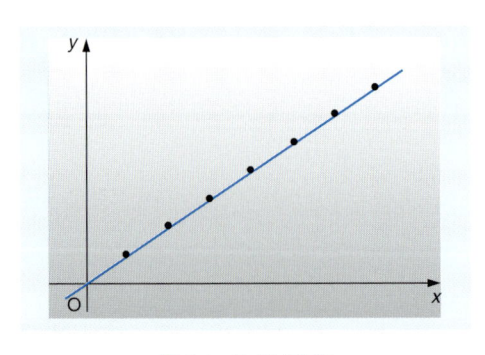

図 1.1　比例関係

一般の 1 次関数は，この正比例の関数に定数項を加えたものになる。
$$y = ax + b$$
上記のボールペンの例でいえば，ボールペンと一緒に，200 円の赤のマーカーを 1 本買う，というようなことである。

□ 関　数 □

ここで，関数というものについて一般的に説明しておこう。

すでに，上で用いているように，x や y はいろいろと変化する数量を表す文字である。この x, y のように，ある範囲でいろいろな値をとることのできる文字を，変数という。これに対し，a, b は，一定な数値を表す文字である。このような文字を，定数という。変数としては，時間，距離，重さ，金額など，いろいろなものが考えられる。

すでに，0.3 節で述べたように，二つの変数 x, y があって，x のおのおのの値に対して y の値が一つずつ対応して定まって，x の変化に伴って y の値も変化していくとき，y を x の関数という。もとになる変数 x を独立変数，y を従属変数とよぶこともある。

x の関数を $f(x)$ と書く。そして，y が x の関数であることを，
$$y = f(x) \qquad f(x) \text{ は function of } x \text{ という意味}$$
と表す。$f(x)$ のほかに $g(x), F(x)$ なども，適宜用いられる。

第 0 章でも述べたように，われわれは，実際現象から得られたデータをもとに，それに適合する関数を考える。それが分析，予測のもとになる。普通，データとして得られるものは離散的なものであるが，その間をつなげて連続の形にすると，数式で表現して，解析することができる。

もとになる変数 x は，個数などのように整数の値をとり，ばらばらな値であることもある。また，前ページにあげた時間と距離のように，連続的な値であることもある。ガソリンを買うときは，その量はリットル（ℓ）ではかられ，米などは，重さ（kg）ではかられる。

ばらばらな値のもの，連続的な値のものを別々に論じたのでは，関数として扱うよさが半減してしまう。そこで，関数としてみるときは，変数は連続的な値をとるものとし，必要に応じて，その関数の，整数の値に対するところだけを見る，というように扱っていくというのが，普通にとられる方法である。

上には，関数の最初の例として，1 次式で表される 1 次関数をあげた。われわれの実生活に登場する関数は，数式として表すことのできるものとは限らない。数式で表されないものは，個別に考察することが必要になる。体系的な考察としては，数式で表現されるものが対象になる。

□ グ ラ フ □

さて，関数では，値の動きが問題になる。変数 x の値が変化するにつれて，対応する y は，どのように変化するか，ということである。この値の動きを如実に示すものが**グラフ**である。

1 次関数のグラフの一例として，$y = \dfrac{3}{2}x - 1$ のグラフをあげよう。

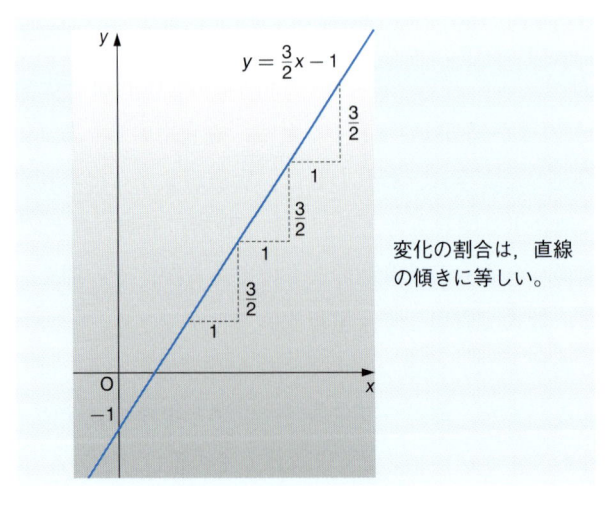

図 1.2　$y = \dfrac{3}{2}x - 1$ のグラフ

1.1 1次関数

図 1.2 で見るように，関数 $y = ax + b$ のグラフは直線になる。

a は傾き，すなわち x 軸方向への移動に伴う y 軸方向への動きの比の値

b は切片，すなわち y 軸との交点の y 座標の値

例えば y が，動いた距離を表している場合には，y と x の関係が直線的であるということは，この動いているものがいつも同じ速さで動いていることを示している。すなわち，等速運動をしていることである。

例題 1.1 次の問題は，古い中国の数学書にある問題である（『九章算術』3 世紀）。

鴨は 7 日で南海から北海に至り，雁は 9 日で北海から南海に至る。
いま，鴨と雁が同時に出発すれば，途中何日目で出会うか。

簡単な問題で，やり方はいろいろ考えられるところであるが，1 次関数とそのグラフを利用して考えてみる。

南海と北海の距離を d とすれば，鴨，雁が 1 日に飛行する距離は，それぞれ $\dfrac{d}{7}, \dfrac{d}{9}$ である。そうすると，出発したときからの日数を x とすれば，南海から見て，

鴨の距離 $y = \dfrac{d}{7}x$，　雁の距離 $y = d - \dfrac{d}{9}x$

そのグラフを描くと，図 1.3 のようになり，鴨，雁の出会う点は，$x = 3\dfrac{15}{16}$ と求められる。

この場合の d のように，問題の解決のためには，余分な文字を導入する必要のあることもある。

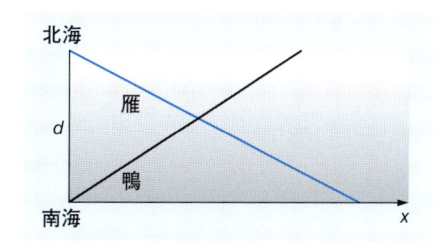

図 1.3　鴨と雁はいつ出会うか

次の問題は，1次関数の簡単な実際的応用である。

> **例題 1.2** 販売価格1台10万円のパソコンを100台造って100台売った。固定費は450万円，1台あたりの変動費は5万円であるとするとき，損益分岐点比率はいくらか。

損益分岐点とは，物を造って売るとき，その生産にかかった費用と販売収入がちょうど同じになるときの売上収入のことで，**損益分岐点比率**というのは，実際の売上量と，損益分岐点における売上量の比の値である。固定費というのは，販売量に関係なくかかってくる費用，変動費は販売量に比例してかかってくる費用である。

解 いま，x 台造って販売したときは，それにかかる費用は，

　　固定費　＋　変動費 × 台数

であり，これはこの問題の場合には，

　　$450 + 5x$

である。販売価格が1台10万円であるから，x 台売れば，収入は $10x$ となる。

この両者が等しくなるときが，損益分岐点であるから，

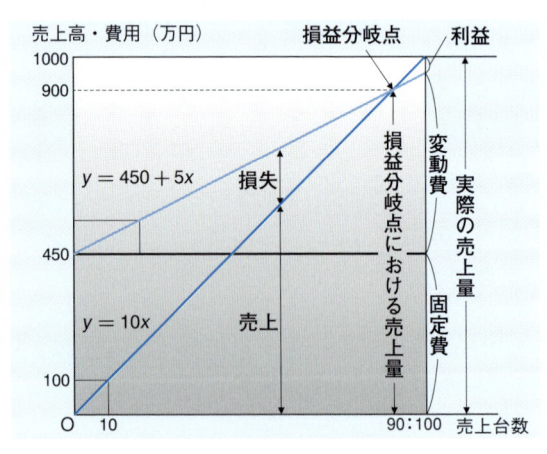

　　$450 + 5x = 10x$ より，$x = 90$

図 1.4　損益分岐点比率

となる（図 1.4）。

実際には，100 台売ったのであるから，損益分岐点比率は，$90 \div 100$ で，90 % である。

問 1.1 例題 1.2 の場合で，固定費，変動費，および 1 台の価格は例題 1.2 と同じとする。このとき，損益分岐点比率を 85 % にするには，販売目標を何台とすればよいか。

問 1.2 固定費，変動費は例題 1.2 と同じとするとき，100 台売って，損益分岐点比率が 80 % であるようにするには，販売価格をいくらとすればよいか。

ボックス 1.1　損益分岐点

物を生産して売る場合，その生産にかかる費用（製品製造原価）というのは，二通りに分けて考えられる。

一つは，減価償却費，支払い利息，火災保険料，税金，人件費などで，これは，販売量，あるいは生産量が多くても少なくても，それとは関係なく，かかってくる費用で，これを固定費という。

もう一つは，材料費，商品の原価，機械を稼働する費用，あるいはこれに出来高払いの賃金，運送費，支払い手数料などで，商品の販売にスライドしてかかってくる費用である。これを変動費という。

商品の価格は，この二つの費用と，販売費や一般管理費などをにらんで，それらが回収され，さらに利益を見込んで定められる。

損益分岐点とは，生産にかかった費用と販売収入がちょうど同じになるときの売上収入のことである。損益分岐点対売上高比率，あるいは簡単に損益分岐点比率というのは，実際の売上量と，損益分岐点における売上量の比の値である。

例題 1.2 では，変動費は販売量に比例するとしたが，一般には，もっと複雑な関係になる。例えば，販売量がうんと少なければ商品 1 単位あたりにかかる費用は大きくなると考えられるし，あまり大量に造ろうとすれば，人件費など余分に見なければならない。これらを考慮に入れた問題は，第 3 章でとりあげる。

□ １ 次 式 □

日常よく現れ，よく使われるものが**１次式**である。その意味では，最も基本的で重要な式であるといえよう。１次関数のことを考えたついでに，この１次式について，意味，使い方を考えておこう。

● 和

いくつかのものを加える，というのが１次式の基本である。

表 1.1 は，平成 20 年の日本の年齢階級別人口である（単位 1,000 人）。

これの合計をとると，127,705 となる。

このように，実際の数値を扱うときは，和をとる計算はただ実行すればよい。

しかし，数学の中で，数値を代表して文字を使って書くときは，$a, b, c, \cdots$ などと書いていると，アルファベット 26 文字以上の数の数値を書くときは困ることになるし，また，このように書いていたのでは，いくつの数値があるかわからない。そこで，数学では，たくさんの数値を，このように文字で代表させて書くときは，$x_1, x_2, x_3, \cdots$ のように，右下に，いくつという数を添えて書く方法が用いられている。この右下につけた数を**添数**という。

表1.1	年齢階級別人口
年齢	人口（1,000 人）
0〜14	17,211
15〜19	6,192
20〜24	7,135
25〜34	23,843
35〜44	17,937
45〜54	15,619
55〜64	18,839
65 以上	28,063

（出所）　総務省統計局 HP

記号　$\sum$

$x_1, x_2, \cdots, x_n$ の和を表すのに，$x_1 + x_2 + \cdots + x_n$ のように書くこともあるけれども，単純な場合はそれでよいが，足すものが複雑な形になると長々となって不便である。そこで，以下では，$\sum$ という記号を用いて，

$$\sum x_k$$

と書くことにする。

$\sum$ は，ギリシア文字で，シグマと読む。

□ 等差数列 □

いくつかの数が，順に並べられているとき，これを**数列**という。
数列の中の一つ一つの数を**項**といい，はじめから数えて，

初項，第 2 項，第 3 項，…

という。そして，一番最後の項を**末項**，全体の項の数を**項数**という。

数列の項は，$a_1, a_2, \cdots$ のように添数をつけて書くことが多い。これらをひとまとめに書くときは，$\{a_k\}$ というような書き方も用いられる。

数列の初項に，次々に一定の数を加えていってつくられた数列を**等差数列**といい，その一定の値を**公差**という。

例　　$1, 2, 3, 4, \cdots$　　　　初項 1,　公差 1
　　　　$5, 8, 11, 14, 17, \cdots$　　初項 5,　公差 3
　　　　$5, 2.5, 0, -2.5, \cdots$　　初項 5,　公差 -2.5

数列 $\{a_k\}$ が等差数列で，公差が d であるときは，

$$a_2 = a_1 + d, \quad a_3 = a_2 + d, \quad a_4 = a_3 + d, \quad \cdots$$

一般に，

$$a_{k+1} = a_k + d$$

である。

したがって，$a_{k+1} - a_k = d$ で，この数列の隣り合う 2 項の差は一定である。このゆえに，等差数列という。

初項を a，公差を d とするとき，

$$a_1 = a, \ a_2 = a + d, \ a_3 = a + 2d, \ a_4 = a + 3d, \quad \cdots$$

k 番目の項 a_k は，

$$a_k = a + (k-1)d$$

である。したがって，項数が n のときは，

$$末項 = a_n = a + (n-1)d$$

□ 等差数列の和 □

初項 a,公差 d の等差数列の,初項から第 n 項までの和 S_n を求めよう。

次のように,$a, a+d, a+2d, \cdots, a+(n-1)d$ と,それを逆順にしたものを書いておき,それを加える。

$$
\begin{array}{rcrcl}
a & + & a+(n-1)d & = & 2a+(n-1)d \\
a+d & + & a+(n-2)d & = & 2a+(n-1)d \\
a+2d & + & a+(n-3)d & = & 2a+(n-1)d \\
& \vdots & \vdots & & \\
a+(n-1)d & + & a & = & 2a+(n-1)d
\end{array}
$$

そうすると,

$$S_n = a + (a+d) + (a+2d) + \cdots + (a+(n-1)d)$$

の 2 倍が,$2a+(n-1)d$ を n 個加えたものということになり,2 で割ると,次のようになる。

$$S_n = \frac{n}{2}\{2a+(n-1)d\}$$

ところで,

$$2a+(n-1)d = a + (a+(n-1)d)) = a_1 + a_n$$

であるから,上の和 S_n は,また,$S_n = \dfrac{n(a_1+a_n)}{2}$ と書ける。これは通常,次のようないい方をされる。

等差数列の和 = (初項 + 末項) × 項数 ÷ 2

$\sum$ を用いれば,次のように書ける。

$$S_n = \sum (a+(k-1)d) = \frac{n}{2}\{2a+(n-1)d\}$$

とくに,$1+2+3+\cdots+n = \sum k = \dfrac{n(n+1)}{2}$

例
(1) $1+3+5+\cdots+(2n-1) = \dfrac{n\{1+(2n-1)\}}{2} = n^2$

(2) $2+4+6+\cdots+2n = \dfrac{n(2+2n)}{2} = n(n+1)$

(3) $5+2.5+0-2.5-\cdots+(7.5-2.5n)$
$= \dfrac{n\{2\cdot 5+(n-1)(-2.5)\}}{2} = (6.25-1.25n)n$

□ 単純平均 □

和を求めるよりもよく用いられるのが平均である。全体を足して，個数で割ったものが平均である。

表 1.2 は，ある日の新聞の株式欄から一部をとったものである。この株価の和をとると 8,073 となり，これをこのデータの総数 15 で割った 538.2 が，ここにあげた株価の平均である。

一般に，n 個のデータ

$$x_1, x_2, \cdots, x_n$$

があるとき，その平均は

$$\frac{x_1 + x_2 + \cdots + x_n}{n} = \frac{1}{n}(x_1 + x_2 + \cdots + x_n)$$

で求められることになる。

表1.2	株価の例
	株価
	525
	230
	491
	529
	350
	450
	235
	310
	205
	400
	1320
	230
	1000
	768
	1030

通常，単に平均というときはこれを指すが，次の加重平均と対比して，これを単純平均ということも多い。

単純平均の用いられる場合は多い。下には日経平均株価（日経 225 種）というものについて説明した。

ボックス 1.2　日経平均株価

日経平均株価は，日本の株式市場を代表する株価指数である。東証第 1 部銘柄のうち，売買が活発で，値付き率のよい 225 銘柄の株価の平均である。

アメリカでは，ダウ平均（あるいは，ダウ・ジョーンズ平均）が著名である。これは，ニューヨーク証券取引所における工業株 30 銘柄の株価の単純平均である。

　　2009 年 1 月 22 日の日経平均株価　　7,889.61 円
　　2009 年 1 月 21 日のダウ平均株価　　$8,228.10

（ブルームバーグ HP (http://www.bloomberg.co.jp/markets/wei.html) より）

□ 加重平均 □

表 1.3 は，平成 17 年の日本の世帯人員別世帯数である（単位 1,000 世帯）。

これから 1 世帯あたりの人員を求めるには，それぞれの世帯人員と世帯数を掛けて加えたものを，総世帯数で割る。

$$(1 \times 14{,}457 + 2 \times 13{,}024 + 3 \times 9{,}196 \\ + 4 \times 7{,}707 + 5 \times 4{,}678) \div 49{,}063$$
$$= 2.49$$

これは，世帯人員の平均を求めるために，世帯人員を

$$x_1, \ x_2, \ x_3, \ x_4, \ x_5$$

とし，その世帯数を

$$a_1, \ a_2, \ a_3, \ a_4, \ a_5$$

とし，

$$a_1 x_1 + a_2 x_2 + a_3 x_3 + a_4 x_4 + a_5 x_5$$

をつくり，それを

$$a_1 + a_2 + a_3 + a_4 + a_5$$

で割ったものである（表 1.4）。

$\sum$ を使って書くと，

$$\frac{\sum a_k x_k}{\sum a_k}$$

となる。

表 1.3 世帯人員と世帯数 (1)

世帯人員	世帯数(1,000 世帯)
1	14,457
2	13,024
3	9,196
4	7,707
5 人以上	4,678
合計	49,063

（出所）平成 17 年国勢調査

表 1.4 世帯人員と世帯数 (2)

世帯人員	世帯数
x_1	a_1
x_2	a_2
x_3	a_3
x_4	a_4
x_5	a_5

このようにしてとった平均を，**加重平均**，あるいはウェイト付きの平均という。

上には 5 個のデータで説明したが，一般に n 個のデータがあるとき，$a_1, a_2, \cdots, a_n$ を**重み**，あるいは**ウェイト**という。平均をとるそれぞれの値のウェイトが異なるとき，それを勘案した平均のとり方である。

別の例として，消費者物価指数を次のページで説明した（ボックス 1.3）。

1 次 式

以上，いろいろな場合をあげて説明したが，変量

$$x_1, x_2, \cdots, x_n$$

の1次式というのは，これらに係数を掛けて加えたもの

$$a_1x_1 + a_2x_2 + \cdots + a_nx_n$$

のことである。

ボックス 1.3　消費者物価指数

消費者物価指数は，全国の消費者世帯が購入する各種の商品とサービスの価格を示すものである。そのために，家計の消費構造を一定のものに固定し，これに要する費用が，物価の変動によってどのように変動するかを，指数値として示している。

指数計算に採用する品目は，家計支出上重要度が高いこと，価格変動の面で代表性があること，継続調査が可能であること，などの観点から，509 品目，719 銘柄を選定。全国で 167 市町村，約 28,000 調査店舗，約 25,000 調査世帯，約 530 宿泊料調査旅館を選んで毎月の価格調査を行っている（2008 年 1 月現在）。そして，基準時の金額を用いて指数を計算し，それを加重平均する。

ウェイトは，調査基準年での家計調査によって得られた 1 カ月 1 世帯あたりの消費支出額を用いて作成している。

注：指数というのは，通常，ある時点を特定して，その時に対する値で他の時点に対する値を割った値の 100 倍の数値（パーセント値）で示す。

また，加重平均をするとき，基準時のウェイトを採用するのを，**ラスパイレス（Laspeyres）型指数**という。

表 1.5　消費者物価指数（全国）

年次	総合	食料	住居	光熱・水道	家具・家事用品	被服及び履物	保健医療	交通・通信	教育	教養娯楽	諸雑費
ウェイト	10,000	2,586	2,039	676	344	464	448	1,392	364	1,100	586
1980	76.9	78.3	63.6	97.6	122.3	72.7	67.3	90.5	46.0	81.7	73.6
1985	88.1	89.6	74.4	107.9	131.7	84.5	79.1	100.6	60.1	93.3	84.3
1990	94.1	95.2	85.0	94.5	131.0	96.6	84.3	102.6	72.6	102.2	89.6
1995	100.7	101.0	96.7	97.4	128.1	102.5	87.8	103.6	87.9	110.7	95.1
2000	102.2	101.6	100.3	100.2	117.5	106.0	97.6	101.3	96.1	109.4	98.2
2005	100.0	100.0	100.0	100.0	100.0	100.0	100.0	100.0	100.0	100.0	100.0
2006	100.3	100.5	100.0	103.6	97.9	100.8	99.4	100.3	100.7	98.5	100.9
2007	100.3	100.8	99.8	104.4	96.3	101.4	99.7	100.4	101.4	97.2	101.7

（2005 年平均=100）

（資料）　総務省統計局統計調査部消費統計課物価統計室「消費者物価指数年報」
（出所）　「日本統計年鑑」（平成 21 年）

1.2 2次関数

2次関数の基本になるのは，
$$y = x^2$$
という関数である。図 1.5 に示したこの関数のグラフは，x のいろいろな値に対する y の値を求め（表 1.6），それをもとに描いたものである。

表1.6　数値例（2次関数）

x	$\cdots$	-2	-1.5	-1	-0.5	0	0.5	1	1.5	2	$\cdots$
y	$\cdots$	4	2.25	1	0.25	0	0.25	1	2.25	4	$\cdots$

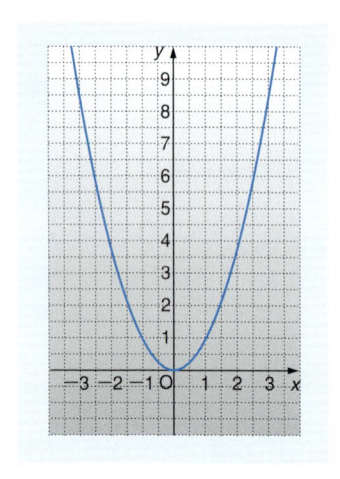

図 1.5　$y = x^2$ のグラフ

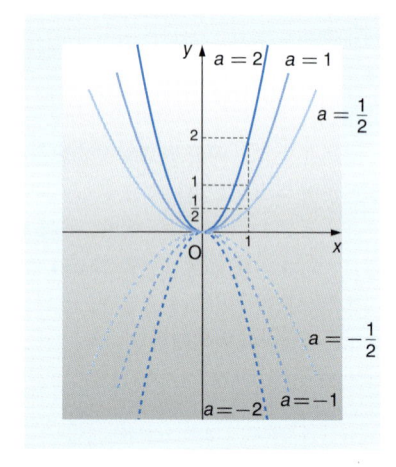

図 1.6　$y = ax^2$ のグラフ

$y = ax^2$ は，2乗に比例する関数という意味のものである。

図 1.6 に示したのは，a のいろいろな値に対する $y = ax^2$ のグラフをまとめて描いたものである。これらのグラフは，$a > 0$ のときは，上に開いた放物線，$a < 0$ のときは，下に開いた放物線となる。

$y = a(x-p)^2 + q$ のグラフは，$y = ax^2$ のグラフを平行移動したもので，点 (p, q) を頂点にもち，y 軸に平行な直線 $x = p$ を軸（対称軸）にもつ放物線である（図 1.7）。

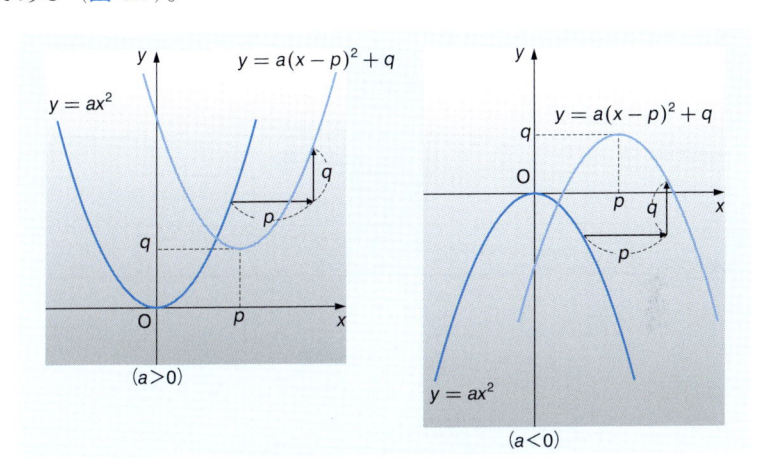

図 1.7　グラフの平行移動

$y = ax^2 + bx + c$ の場合には，これを $y = a\left(x + \dfrac{b}{2a}\right)^2 - \dfrac{b^2 - 4ac}{4a}$ と変形して，グラフを描くことができる（図 1.8）。

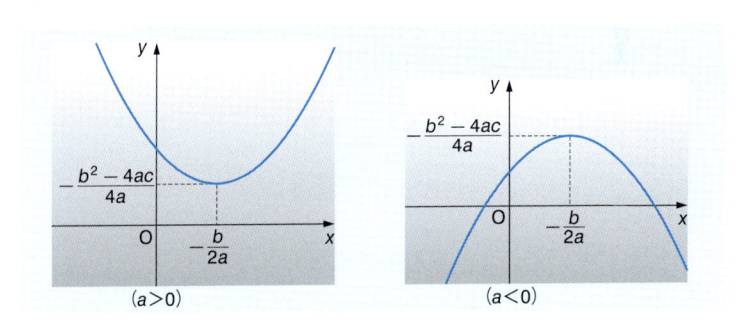

図 1.8　$y = ax^2 + bx + c$ のグラフ

2 次方程式　$ax^2 + bx + c = 0$　の解は，曲線　$y = ax^2 + bx + c$　と x 軸の交点の x 座標として，
$$x = \frac{-b \pm \sqrt{b^2 - 4ac}}{2a}$$
によって与えられる。

1.3 分数関数

$$y = \frac{1}{x}$$

という関数を考えよう。下に示したこの関数のグラフは，x のいろいろな値に対する y の値を求め（表 1.7），それをもとに描いたものである（図 1.9）。

表 1.7 数値例（分数関数）

x	$\cdots$	-3	-1	$-\frac{1}{3}$	$\cdots$	$\cdots$	$\frac{1}{3}$	1	3	$\cdots$
y	$\cdots$	$-\frac{1}{3}$	-1	-3	$\cdots$	$\cdots$	3	1	$\frac{1}{3}$	$\cdots$

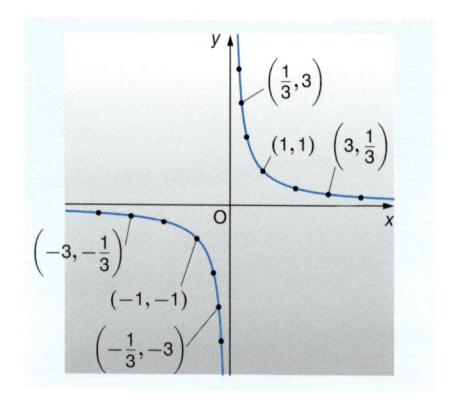

図 1.9 $y = \frac{1}{x}$ のグラフ

関数

$$y = \frac{c}{x}$$

は，分数の形をしているので，**分数関数**とよばれる。$c > 0$ ならば，これは，上に示したグラフを上下に伸縮した形で，形としてはほぼ同じといってよい。$c < 0$ ならば，x 軸に関して，対称に折り返した形になる。

この関数のグラフの曲線を**双曲線**という。

この関数は，**反比例**の関係を表す関数である。

一定量の仕事をするのに要する人数と日数の関係，ある量の液体を排出するときの管の断面積と時間など，日常的に必要とされる関数である。

◻ 在 庫 問 題 ◻

分数関数の応用として，**在庫問題**といわれるものを考えよう。

商品は，生鮮食料品のような場合は別として，販売店においてある一定量を仕入れておき，それが日を追って売れていくという状態のものである。この間，販売店では，その商品を在庫させておくことになり，倉庫のスペース，あるいは倉庫代が必要になる。このようなときに利用される方策の一つとして，(s, S) 方策といわれるものがある。それは，在庫量が減ってある限度量 s を割ったら，在庫量が S になるように発注するというものである（**図 1.10** 参照）。

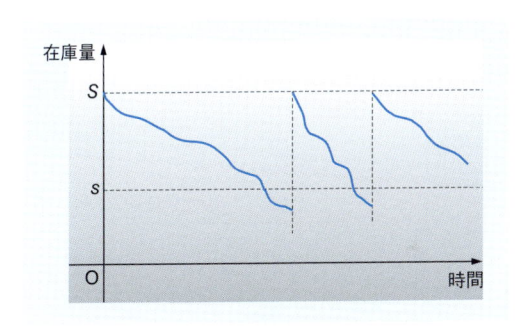

図 1.10 在庫問題のグラフ化

しかし，今はもっと単純に，商品は毎日同じように売れていき，なくなったらきまった量だけ発注する，という方式を考えてみよう。乾燥食品や，電池，電球などには，このモデルがあてはまると考えられる。また，このような単純化されたモデルから出発して，順次複雑な形にもっていくというのが，問題を処理していくための実際的な方法である。

そこで問題となるのは，商品の年間売上量を見て，どの位の期間をおいて，どの位の量発注すれば最も経済的か，ということである。

例題 1.3 ある商事会社で扱うある製品の年間総売上量が 1,200 単位であるとする。この品物を年間何回かに分けて発注することにする。1 回の発注量はいつも同じ量にすることにして，最も経済的な発注量を定めよ。

製品は単価 5,000 円，1 単位の製品を 1 年間在庫させるのに要する費用は単価の 10 %，1 回の発注に必要な諸経費は 7,000 円であるとする。

解 1 回の発注量を x 単位とする。

いま，図 1.11 のように，在庫量がちょうど 0 になったときに x 単位発注したものが入荷し，しかも各区間ではつねに同じ割合で在庫量が減っていくこととしよう。このようなことは，実際にはありえないことであろうが，分析の第一段階としては単純な仮定から出発し，次第に現実に合わせていくようにする。

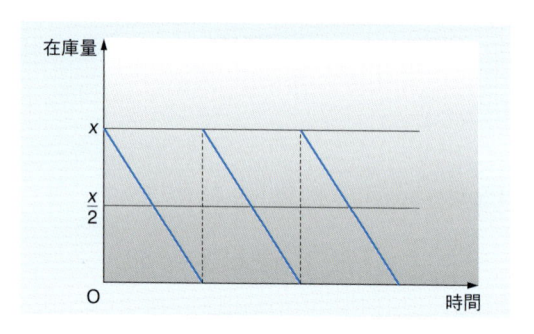

図 1.11 例題 1.3 のグラフ

年間の発注の回数は $\dfrac{1,200}{x}$ である。また図で見るように，年間の平均在庫量は $\dfrac{x}{2}$ である。

発注のために必要な費用は，　　$7,000 \times \dfrac{1,200}{x} = \dfrac{8,400,000}{x}$

在庫のためにかかる費用は，　　$5,000 \times 0.1 \times \dfrac{x}{2} = 250\,x$

よって，費用の合計は，次の式で表される。
$$y = 250\,x + \dfrac{8,400,000}{x}$$
これが最小となるように x を定めればよい。

1.3 分数関数

この関数のグラフを示すと，図 1.12 のようになる。

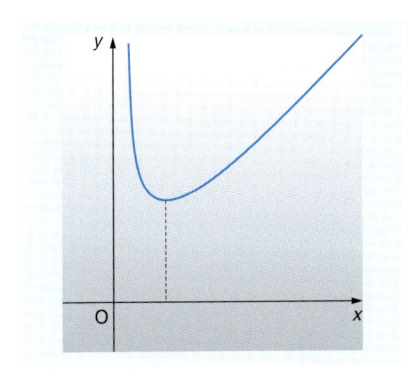

図 1.12 関数のグラフ（例題 1.3）

この関数を最小にする x の値は，下の解析から，次のように定められる。

$$\sqrt{\frac{8{,}400{,}000}{250}} \fallingdotseq 183$$

最 小 値

一般に，

$$(A+B)^2 = (A-B)^2 + 4\,AB$$

であるから，A, B の積が一定の値のときは，$A = B$ のとき，上式の右辺で $(A-B)^2$ の項は 0 になるので，$(A+B)^2$ の値は最小，したがって $A+B$ は最小の値をとることになる。

上の例題の場合，$250\,x \times \dfrac{8{,}400{,}000}{x}$ の値は x に関係のない一定値 $250 \times 8{,}400{,}000$ となる。ゆえに，上に述べたことから，

$$250\,x = \frac{8{,}400{,}000}{x}$$

すなわち，

$$x^2 = \frac{8{,}400{,}000}{250}$$

のとき，y の値は最小となるのである。

1.4 平方根の関数，逆関数

平方根の関数
$$y = \sqrt{x}$$
は，$y = x^2$ の逆関数である。そこで，まず逆関数のことについて見ておこう。

□ 逆 関 数 □

関数というのは，二つの変数 x と y の関係であるから，x から y を見るというだけでなく，y から x を見るというように，反対方向から見るのも自然なことである。

$y = x^2$ という関数は，x を 2 乗した数 y を x に対応させる，という関数であるが，これを逆に見ると，2 乗すれば x になるような数 y を x に対応させる，ということである。これが $y = x^2$ の逆関数としての $y = \sqrt{x}$ ということである。

これは，表 1.8 のような関係として見ると，見やすいであろう。

→ の方向に見るときは，$y = x^2$ の関係
← の方向に見るときは，$y = \sqrt{x}$ の関係

$y = \sqrt{x}$ は，$x = y^2$ ということであるから，これは，$y = x^2$ に対して，x と y を入れ替えたことになっている。

表1.8　$y = x^2$ と $y = \sqrt{x}$

1	1
2	4
3	9
4	16
5	25
⋮	⋮

グラフを描くときは，x と y を入れ替える，すなわち x 軸と y 軸を入れ替える。それを普通の x 軸と y 軸の位置にもどすと，それは，直線 $y = x$ に関して，対称に折り返したことになる（図 1.13）。

1.4 平方根の関数，逆関数

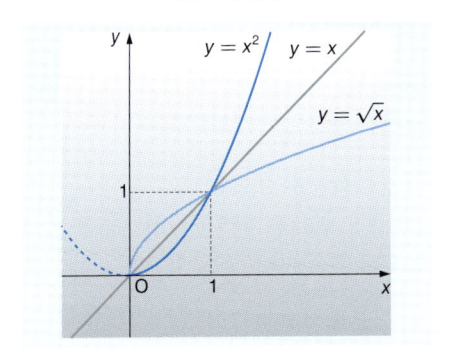

図 1.13　$y = x^2$ と $y = \sqrt{x}$

需要曲線，供給曲線……図 1.14 は，p.6 に掲げた財の価格と需要，供給の関係を示したものである．ある財の価格が p で与えられたとき，どれだけの需要が市場で生ずるかの関係を表したものが需要曲線である．供給曲線も，同様の意味のものである．

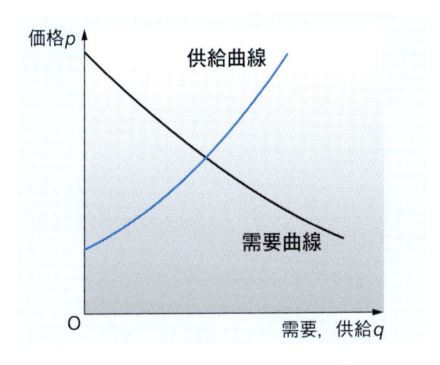

図 1.14　需要曲線と供給曲線

価格が p のときの需要，供給の数量を q とするとき，この関係は $q = f(p)$ という形のものである．この形で見るならば，p がもとになる変数なので，p を横軸，q を縦軸に図を描くのが普通の形であるが，経済学では，このような分析をはじめて行ったマーシャル（A. Marshall, 1842〜1924）以来の習慣で，p のほう，すなわち価格のほうを縦軸に，q のほうを横軸にとることになっている．これも，どちらをもとになる変数（独立変数），どちらをその関数（従属変数）と見るのも自由，という考え方の現れである．

1.5 累乗の一般化

ここでは $x > 0$ において考える。

$\sqrt{x}$ は，しばしば $x^{\frac{1}{2}}$ と書かれる。

経済学では，x^α という累乗の形の関数を用いることが多い。ここで α は，$2, 3, \cdots$ の自然数だけでなく，正負の任意の数である。そこで，このように**累乗の指数を一般化**することを考えよう。

以下，$x > 0$ としておく。

$x, x^2, x^3, \cdots$ は，x に次々に x を乗じて得られる。このことは，表 1.9 のような対応表にすると，見やすい。

表 1.9　累乗の指数 (1)

指数	1	2	3	4	$\cdots$
累乗	x	x^2	x^3	x^4	$\cdots$

この対応関係は左向きに見ていくと，左に一つずれると x で割ることになっている。

そこで，これを負の数のほうにまで広げていくと，表 1.10 の対応表ができる。

表 1.10　累乗の指数 (2)

指数	$\cdots$	-4	-3	-2	-1	0	1	2	3	4	$\cdots$
累乗	$\cdots$	$\frac{1}{x^4}$	$\frac{1}{x^3}$	$\frac{1}{x^2}$	$\frac{1}{x}$	1	x	x^2	x^3	x^4	$\cdots$

参考　電卓やコンピュータなどでは，大きな数や小さな数を表示するのに，指数表示が用いられる。10 の何乗というのに対して，表 1.11 に示したような名がついている。

日本の人口　$124{,}709{,}000$ 人 $= 1.24709 \text{ E}08$ 人

試料 1 g 中に含まれるダイオキシンの許容量は

$\quad 2 \text{ pg} = 2 \text{ E}{-}12 \text{ g}$

ここで E は 10 の何乗かを示す。すなわち

$\quad \text{E}08 = 10^8, \quad \text{E}{-}12 = 10^{-12}$

表 1.11　指数表示のよび名

T	テラ	10^{12}
G	ギガ	10^9
M	メガ	10^6
k	キロ	10^3
h	ヘクト	10^2
da	デカ	10^1
d	デシ	10^{-1}
c	センチ	10^{-2}
m	ミリ	10^{-3}
μ	マイクロ	10^{-6}
n	ナノ	10^{-9}
p	ピコ	10^{-12}

1.5 累乗の一般化

表 1.10 をもとに，一般に，n が自然数のとき，x^{-n} というものが定義できることになる。x^{-n} は，次のように定められる。

$$x^{-n} = \frac{1}{x^n}$$

次に，$x^{\frac{1}{2}}$ はどのように考えたらよいであろうか。

$$(x^{\frac{1}{2}})^2 = x^{\frac{1}{2}} x^{\frac{1}{2}} = x^{\frac{1}{2}+\frac{1}{2}} = x^1 = x$$

であるから，$x^{\frac{1}{2}} = \sqrt{x}$ とするのが自然である。

$y = x^{\frac{1}{2}}$ は，$y = x^2$ の逆関数である。そこで，これを一般にして，

$y = x^{\frac{1}{n}}$ は，$y = x^n$ の逆関数

として定める。これは，

$$y^n = (x^{\frac{1}{n}})^n = x$$

という性質をもったもので，y は x の **n 乗根** とよぶことができる（図 1.15）。

有理数 $\dfrac{m}{n}$ に対しては，次のように定める。

$$x^{\frac{m}{n}} = (x^{\frac{1}{n}})^m$$

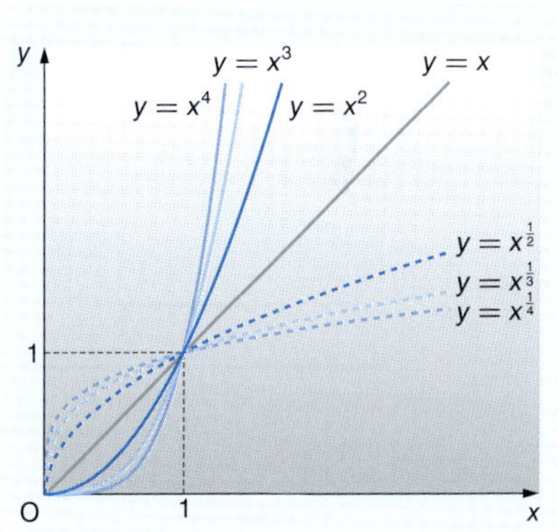

図 1.15　n 乗根のグラフ

このようにすると，α が有理数のときは，

$$y = x^\alpha$$

という関数は，すべてその意味がわかった。

更に，一般の数 α に対して x^α を定めることが必要となるが，そのためには，α を下と上から，

　　$r < \alpha < s$,　　r, s は有理数

として，近似していく。このとき，

　　$x > 1$ のときは　　$x^r < x^s$
　　$x < 1$ のときは　　$x^r > x^s$

となるので，r, s を下と上から α に近づけていくことにより，x^α の値が定まるのである。

表 1.12 に，$2^{\sqrt{2}}$ の場合についての状況を示した。

表1.12　2^x の値の例

x	2^x の値
1	2
1.4	2.6390…
1.41	2.6573…
1.414	2.6647…
1.4142	2.6651…
⋮	⋮

指数法則

指数を活用するときの基礎となる計算の規則には，次の指数法則がある。

(1) $x^a x^b = x^{a+b}$
(2) $(x^a)^b = x^{ab}$
(3) $(xy)^a = x^a y^a$

指数法則は，a, b が自然数のときは，次のように確かめることができる。

$$x^a x^b = \underbrace{(x \times x \times \cdots \times x)}_{a\ 個} \times \underbrace{(x \times x \times \cdots \times x)}_{b\ 個}$$

$$= \underbrace{x \times x \times \cdots \times x}_{a+b\ 個} = x^{a+b}$$

$$(x^a)^b = \underbrace{\underbrace{(x \times x \times \cdots \times x)}_{a\ 個} \times \underbrace{(x \times x \times \cdots \times x)}_{a\ 個} \times \cdots \times \underbrace{(x \times x \times \cdots \times x)}_{a\ 個}}_{b\ 個}$$

$$= \underbrace{x \times x \times \cdots \times x}_{ab\ 個} = x^{ab}$$

$$(xy)^a = \underbrace{(xy \times xy \times \cdots \times xy)}_{a\ 個}$$

$$= \underbrace{(x \times x \times \cdots \times x)}_{a\ 個} \times \underbrace{(y \times y \times \cdots \times y)}_{a\ 個} = x^a y^a$$

問 1.3 次の式を簡単にせよ。

(1) $x^{\frac{1}{2}} \times x^{\frac{2}{3}} \times x^{-\frac{1}{6}}$
(2) $y \times y^{\frac{3}{2}} \div y^{\frac{7}{4}}$
(3) $(t^{-2})^{\frac{1}{4}} \times t$
(4) $(u^{\frac{2}{3}} v^{-\frac{1}{2}})^{-6}$

練習問題

1 1次関数 $y = 2x + 1$ の値が $y > 3$ となるような x の範囲を求めよ。また $y \leqq 5$ となるような x の範囲を求めよ。

2 次の2次関数のグラフをかけ。
(1) $y = x^2 + 2x - 3$
(2) $y = -2x^2 - 8x$

3 $x > 0$ の範囲で関数 $y = 5x + \dfrac{20}{x}$ の値を最小にする x の値を求めよ。また，そのときの y の値を求めよ。

4 容量 5 ギガバイト (GB) の USB メモリーは 650 メガバイト (MB) の CD 何枚に相当するか。

5 次の問を，1次関数とそのグラフを利用して，解を求めよ（九章算術から）。足の遅い人が 60 歩行く間に足の速い人は 100 歩行く。いま，足の遅い人が 100 歩先に歩いているのを足の速い人が追いかける。何歩で追いつくか。

6 ある企業で，ある製品を 1,000 個造って売り出す。固定費は 35,000,000 円，変動費は 1 個当たり 50,000 円とする。損益分岐点比率を 85 ％ にしようとすれば，販売価格をいくらに定めればよいか。

7 ある商店で，ある品物を仕入れて，1 個 2 万円で売り出すことにする。固定費は 100 万円とし，変動費は 1 個 1 万円とする。損益分岐点比率を 80 ％ にしようとするには，販売目標は何個とすればよいか。

8 次の等差数列の和を求めよ。
(1) $1 + 2 + 3 + \cdots + 100$
(2) 初項 5，　公差 3，　項数 30
(3) 初項 23.4，　公差 -5.6，　項数 7

9 次の表1.13は，平成19年の産業別月間給与額である。これを用いて，労働者数をウェイトとして，全体の加重平均を求めよ。

表1.13 産業別月間給与額（平成19年）	労働者数（1,000人）	平均月間きまって支給する給与額（1,000円）
1. 鉱業	14	344
2. 建設業	1,301	363
3. 製造業	4,628	373
26. 電気・ガス・熱供給・水道業	130	471
27. 情報通信業	608	443
28. 運輸業	1,552	339
29. 卸売・小売業	2,026	355
30. 金融・保険業	467	522
31. 不動産業	116	406
32. 飲食店，宿泊業	284	295
33. 医療，福祉	532	381
34. 教育，学習支援業	327	455
35. 複合サービス事業	134	312
36. サービス業（他に分類されないもの）	1,631	350

（単位：金額 1,000 円）

（資料）　厚生労働省大臣官房統計情報部賃金福祉統計課「賃金構造基本統計調査報告」
（データ出所）　「日本統計年鑑　平成 21 年」

10 周の長さが一定値 a である扇形のうち，面積 S が最大のものを求めたい。

(1) 半径を x, 中心角を θ（度）として，θ を a と x で表せ。

(2) 面積 S を x の 2 次関数として表し，S の最大値およびそのときの半径 x と中心角 θ の値を求めよ。

11 ある機械油を販売している会社がある。この機械油の年間売上量は $160{,}000\ell$，1 回の発注量は，3,000 円，また 1ℓ 当たりの価格は 1,200 円，年間在庫保管費は価格の 20% である。需要の状況は年間を通じてほぼ同じくらいであるので年間売上量を何回かに均等に分けて発注することにした。1 回の発注量をいくらとすれば最も経済的か。

12 電卓またはコンピュータを用いて，
$2^{\frac{1}{2}}, 2^{\frac{1}{3}}, 2^{\frac{1}{4}}, 2^{\frac{1}{5}}, 2^{\frac{1}{6}}, 2^{\frac{1}{7}}, 2^{\frac{1}{8}}, 2^{\frac{1}{9}}, 2^{\frac{1}{10}}$
を求めよ（小数第 3 位まで）。

微分法入門 2

　関数の値の変化の追究が，われわれの目的とするものである．そして，関数の値の変化を調べる基本的な手段が微分法である．この章では，微分するとはどういうことか，そしてどのように関数を微分するのか，という手段を学ぶことにする．

　直線は簡単な図形である．ところで，柱などは真直でないと困るが，直線ばかりでは単純すぎる．少し複雑になれば曲がった線，すなわち曲線が登場してくる．普通に曲線を描くときは，誰でも滑らかな曲線を描く．ごつごつした角のある曲線は描かないであろう．滑らかな曲線というのは，角のない，すなわち各点の近くで，直線状をしている曲線のことである．各点の近くで直線状という，その直線が接線であり，その接線を求めることが，微分することなのである．

　この章では，関数を微分することを調べていく．

　2.5 節では，経済学でよく用いられる「限界＊＊」の意味を費用関数を用いて説明した．また，2.6 節で，数学では最もよく使われる道具である 2 項定理について述べた．

2.1 接線

関数のグラフは普通，滑らかな曲線として描かれる。

簡単な例として，関数 $y = \dfrac{1}{2}x^2$ をとる。

この関数のグラフは，図 2.1 のようであるが，この上の点 $A\left(1, \dfrac{1}{2}\right)$ の近くをクローズアップしていくと，図 2.2，図 2.3 に示したように，だんだん直線状になる。

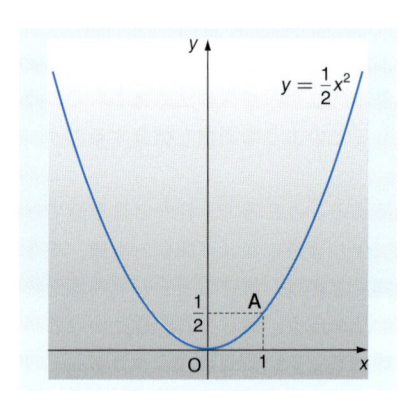

図 2.1　全体像

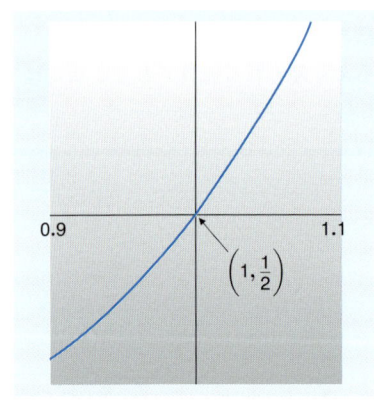

図 2.2　クローズアップ

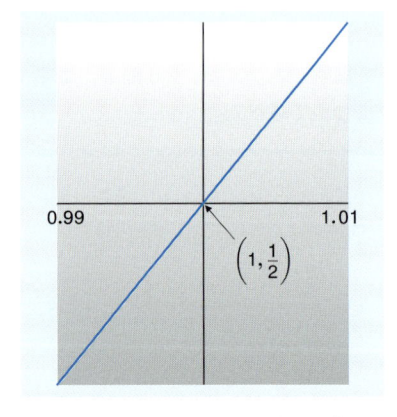

図 2.3　さらにクローズアップ

2.1 接 線　　　　　　　　　　　　　　　43

　この関数では，グラフのどの点をとっても，その近くでは拡大していくと同じように直線状になる，ということは当然であろう。

接線……グラフが上のように，一点の近くで直線状のものとみなせるとき，この直線を，この点における接線という。

微分係数……接線の傾きを微分係数という。

ボックス 2.1　滑らかな曲線，角のある曲線

　関数のグラフは普通，滑らかな曲線として描かれる，と述べた（図 2.4）。

　しかし，そうはいかない，というかもしれない。ボールを床に落としたとき，はねかえってくる状況をグラフに描けば，それは滑らかとはいえないではないかと（図 2.5）。しかし，ボールが手から離れて床に到達するまでの間の現象と，床ではねかえる現象とでは，現象として一緒に論ずることはできない。はねかえり現象ははねかえり現象として特別な処理が必要である。そこに至るまでの状況を考えるならば，それは滑らかに推移している。

　このように，基礎の変数の動く範囲を，ある範囲に限って見ることが，実際問題として，必要になることはある。しかし，まずわれわれのとりかかるべきことは，関数が滑らかということをどのように把握し分析するかということである。

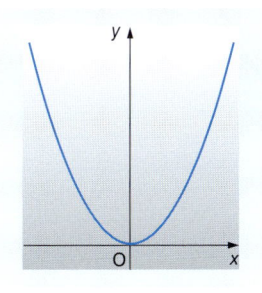

図 2.4　滑らかな曲線　　　　図 2.5　角のある曲線

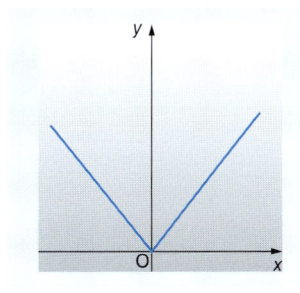

2.2 導関数と微分

いま,関数 $y = \dfrac{1}{2}x^2$ において,点 $\mathrm{A}\left(1, \dfrac{1}{2}\right)$ における接線の傾き,すなわち微分係数を求めてみよう。

点 A の近くに,グラフ上に点 A′ をとり,A, A′ を結ぶ直線を考える。

p.42 の図で,A の近くをクローズアップした図 2.2 では,グラフはまだ曲がって見えるので,点 A と A′ を結べば,グラフと離れた直線が描かれるであろうが,図 2.3 では,もはやグラフと直線は見たところ区別できない。

A′ の座標を $\left(1+h, \dfrac{1}{2}(1+h)^2\right)$ とする。A と A′ は異なる点であるから,$h \neq 0$ である。そして,

$$\text{A, A′ を結ぶ直線の傾き} = \frac{\dfrac{1}{2}(1+h)^2 - \dfrac{1}{2}}{(1+h)-1} = 1 + \frac{1}{2}h$$

したがって,この直線の傾きは 1 ではない。

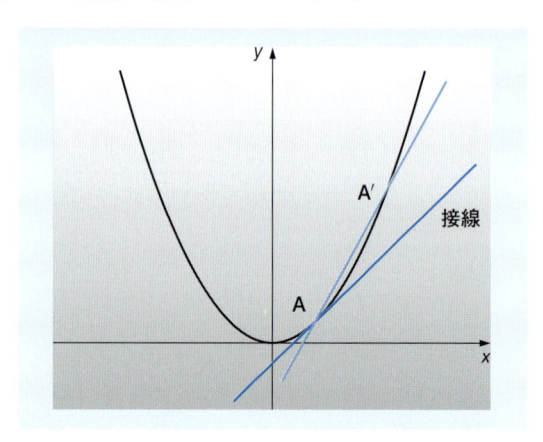

図 2.6 接線のとり方

しかし,点 A′ が点 A の近くにあって h の絶対値 $|h|$ が非常に小さいとき,この傾きの値は 1 に近く,この直線は A を通る傾き 1 の直線に近い。

$|h|$ は,h の絶対値,すなわち,$h > 0$ ならば $= h$,$h < 0$ ならば $= -h$ を示す記号である。

2.2 導関数と微分

いま，$|h|$ をだんだん 0 に近づけていってみる（表 2.1，表 2.2）。

表 2.1　数値例 (1)

$a+h$	0.9	0.91	⋯	0.98	0.99	1	1.01	1.02	⋯	1.09	1.1
傾き	0.95	0.955	⋯	0.99	0.995		1.005	1.01	⋯	1.045	1.05

表 2.2　数値例 (2)

$a+h$	0.99	0.991	⋯	0.998	0.999	1	1.001	1.002	⋯	1.09	1.01
傾き	0.995	0.9955	⋯	0.999	0.9995		1.0005	1.001	⋯	1.0045	1.005

このように，A, A′ を結ぶ直線の傾きは 1 に近づき，したがって，A の近くをクローズアップしてほぼ直線状になったというその直線とは，A を通る傾き 1 の直線である。これが A における接線である。

A は特別な点であったが，一般の点 $\mathrm{P}\left(a, \frac{1}{2}a^2\right)$ で同じ計算をしてみよう。P の近くの点を $\mathrm{P}'\left(a+h, \frac{1}{2}(a+h)^2\right)$ とする。このとき，

$$\text{P, P}' \text{ を結ぶ直線の傾き} = \frac{\frac{1}{2}(a+h)^2 - \frac{1}{2}a^2}{h} = \frac{ah + \frac{1}{2}h^2}{h} = a + \frac{1}{2}h$$

この傾き $a + \frac{1}{2}h$ の直線は，$|h|$ をだんだん 0 に近づけていくとき，P を通る傾き a の直線に近づく。これが，P における接線である。

一般の関数について，同様の考察をしよう。

関数 $y = f(x)$ に対して，グラフ上の点 $\mathrm{A}(a, f(a))$ をとる。点 A の近くをクローズアップして見ると，グラフのその部分はほぼ直線状をなす。この直線が接線である。

A に隣接した点 $\mathrm{A}'(a+h, f(a+h))$ をとる。A, A′ を結ぶ直線の傾きは，

$$\frac{f(a+h) - f(a)}{(a+h) - a}$$

である。ここで，点 A′ が点 A の近くにあって，$|h|$ が非常に小さいとき，こ

の直線は A を通る接線とほとんど一致する。h を 0 に近づけていったときのこの傾きの窮極の値，これを 極限値 というが，この値がこの点での $f(x)$ の微分係数である。

次に，一般の点 x で，このことを考えてみよう。

x の変化量としては，h を使ってもよいのであるが，x に与えた変化量という意味で，Δx と書くことにする。

> Δ は，ギリシア文字で，英字の d に相当する文字の大文字である。小文字は δ　デルタと読む。差 difference の意味をとったものである。

そして，

$$\Delta x \text{ を } 0 \text{ に近づけたときの } \frac{f(x+\Delta x)-f(x)}{\Delta x} \text{ の極限値}$$

を $f'(x)$ で表す。これが $f(x)$ の x における 微分係数 である。

このことを，次のように書く。

$$\Delta x \to 0 \text{ のとき } \frac{f(x+\Delta x)-f(x)}{\Delta x} \to f'(x)$$

関数 $y=f(x)$ に対しては，y が変化した量を Δy と書き，

Δx を 0 に近づけたときの

$\dfrac{\Delta y}{\Delta x}$　の極限値

x	$x+\Delta x$
y	$y+\Delta y$

として，これを，通常 y' と書く。そして，$\dfrac{\Delta y}{\Delta x}$ の極限値という意味で，次のように表す。

$$y' = \frac{dy}{dx}$$

導関数……グラフ上の各点で微分係数を求めると，新しい関数が得られる。この関数を導関数という。

微分……関数の導関数を求めることを，関数を微分するという。

例題 2.1

$y=1$ のとき，
右の計算から，$\Delta y = 0$
したがって，
$$y' = 0$$

x	$x+\Delta x$
1	1

$y = x$ のとき，
右の計算から，$\Delta y = \Delta x$
したがって，
$$y' = 1$$

x	$x+\Delta x$
x	$x+\Delta x$

$y = x^2$ のとき，
右の計算から，$\Delta y = 2x\,\Delta x + (\Delta x)^2$
したがって，$\dfrac{\Delta y}{\Delta x} = 2x + \Delta x$ となり，
$\Delta x \to 0$ として，
$$y' = 2x$$

x	$x+\Delta x$
x^2	$x^2 + 2x\,\Delta x + (\Delta x)^2$

例題 2.2

$y = \dfrac{1}{x}$ に対して，

$$\Delta y = \frac{1}{x+\Delta x} - \frac{1}{x} = \frac{x - (x+\Delta x)}{(x+\Delta x)x}$$
$$= -\frac{\Delta x}{(x+\Delta x)x}$$

したがって，$\dfrac{\Delta y}{\Delta x} = -\dfrac{1}{(x+\Delta x)x}$ となり，$\Delta x \to 0$ として，

$$y' = -\frac{1}{x^2}$$

2.3 微分の方法（1）——和，定数倍，積，商の微分法

　関数は，基礎的な関数から，いろいろな組合せで新しい関数が作り出されてくる。それらの関数を微分する方法について考えよう。

　和，定数倍，積，商については，次のように計算される。簡単のため，

$$u = f(x), \quad v = g(x)$$

と記す。

$$(1) \quad (u+v)' = u' + v'$$

$$(2) \quad (c\,u)' = c\,u' \qquad c \text{ は定数}$$

$$(3) \quad (uv)' = u'v + uv'$$

$$(4) \quad \left(\frac{v}{u}\right)' = \frac{v'u - vu'}{u^2}$$

とくに，(4')

$$\left(\frac{1}{u}\right)' = -\frac{u'}{u^2}$$

これらを活用して，微分の計算がなされる（証明は章末に付記）。

例題 2.3　$y = x^3$ の導関数

$u = x^2,\ v = x$ として，積の微分法を利用する。

$$y' = (uv)' = u'v + uv' = 2x \cdot x + x^2 \cdot 1 = 3x^2$$

　一般に，$y = x^n$　n は自然数　のとき，$y' = n\,x^{n-1}$ であることを示そう。いま，$(x^n)' = n\,x^{n-1}$ がいえていたとすると，積の微分法の式で，

$$(x^{n+1})' = (x \cdot x^n)' = 1 \cdot x^n + x \cdot (x^n)' = x^n + n\,x^n$$
$$= (n+1)\,x^n$$

2.3 微分の方法 (1) —— 和，定数倍，積，商の微分法

そうすると，この式で，n に順次 $2, 3, \cdots$ を代入すれば，
$$(x^3)' = 3\,x^2, \quad (x^4)' = 4\,x^3, \quad \cdots$$
このようにして，すべての自然数について，$(x^n)' = n\,x^{n-1}$ が成り立つことがわかる。

また，$y = \dfrac{1}{x^n}$（n は自然数）のときは，(4′) の式を使えば，次のようになる。
$$y' = -\frac{(x^n)'}{x^{2n}} = -\frac{n}{x^{n+1}}$$
ところで，1.5 節に述べたように，
$$\frac{1}{x^n} = x^{-n}$$
と書かれるから，この式は，
$$(x^{-n})' = \left(\frac{1}{x^n}\right)' = -n\left(\frac{1}{x^{n+1}}\right) = (-n)x^{-n-1}$$
となり，これは，ちょうど上にあげた $(x^n)' = nx^{n-1}$ の式で，n を $-n$ としたものになっている。

累乗の意味を，このように，自然数の指数の場合から，0，負の整数，分数，そして実数全般に，と拡張していくと，任意の実数 α に対して，
$$(x^\alpha)' = \alpha x^{\alpha-1}$$
が，つねに成り立つことが示される（問 2.3，例題 4.6 参照）。

上記のように，累乗の指数の意味を拡張することは，1.5 節に述べた。x^α の形の関数は，経済の数学では多用されるので，上の微分の式は，大切である。

問 2.1 次の関数を微分せよ。

(1) $x^3 - 2x^2 + 3x + 4$ 　　(2) $(3x^2 + 4)(x^2 - 1)$

(3) $(x^4 + 1)(x^3 + x - 1)$ 　　(4) $\dfrac{1}{x^2}$

(5) $x + \dfrac{1}{x}$ 　　(6) $\dfrac{2x + 1}{x^2 - x + 1}$

2.4 微分の方法（2）——合成関数の微分法

例えば，関数 $y=(x+1)^2$ は，

$$y=u^2, \quad u=x+1$$

という組合せでできていると見られる。

合成関数……一般に，二つの関数 $f(x)$, $g(x)$ があるとき，これを組み合わせた

$$f(g(x))$$

という形の関数を，合成関数という。

$y=f(u)$, $u=g(x)$ とするとき，x に Δx だけの変化量を与えたときの u の変化量を Δu とすれば，Δy は，この u の変化に伴う y の変化量と見られる。そうすると，

$$\frac{\Delta y}{\Delta x}=\frac{\Delta y}{\Delta u}\frac{\Delta u}{\Delta x}$$

$$\begin{array}{cc} x & x+\Delta x \\ \downarrow & \downarrow \\ u & u+\Delta u \\ \downarrow & \downarrow \\ y & y+\Delta y \end{array}$$

となる。

したがって，Δx を 0 に近づけたときの極限値として，

$$\frac{dy}{dx}=\frac{dy}{du}\frac{du}{dx}$$

が得られる。

例題 2.4 $y=\sqrt{x}$ の導関数

$u=y^2$ とすれば，$u=x$

$$\frac{du}{dx}=\frac{du}{dy}\frac{dy}{dx}$$

であるから，これに，$\dfrac{du}{dx}=1$, $\dfrac{du}{dy}=2y$ を代入すると，$y=\sqrt{x}$ の導関数が次のように得られる。

$$\frac{dy}{dx}=\frac{1}{2y}=\frac{1}{2\sqrt{x}}$$

2.4 微分の方法 (2) ―― 合成関数の微分法

● **微分法の計算例**

(1)　$y = (x^2+1)^2$ の微分

$y = x^4 + 2x^2 + 1$ であるから,

$$y' = 4x^3 + 2 \cdot 2x = 4x(x^2+1)$$

（別法）　合成関数の微分法を利用して, $y = u^2$, $u = x^2+1$ とみると,

$$y' = \frac{dy}{dx} = \frac{dy}{du}\frac{du}{dx} = 2u \cdot 2x = 4xu = 4x(x^2+1)$$

(2)　$x^2 + y^2 = 1$ から, $\dfrac{dy}{dx}$ を求める。

$x^2 + y^2 = 1$ の両辺を x について微分すると,

$$2x + 2y \cdot \frac{dy}{dx} = 0$$

ゆえに,

$$\frac{dy}{dx} = -\frac{x}{y}$$

これは, 原点を中心とする円において, 接線が半径に垂直であることを示している。

問 2.2　次の関数を微分せよ。

(1)　$(x^2 - x + 1)^3$　　　　(2)　$\sqrt{x^2+1}$

(3)　$\dfrac{1}{(x-1)^2}$　　　　(4)　$\dfrac{1}{\sqrt{x+1}}$

問 2.3　$y = x^{\frac{1}{n}}$ は $y = x^n$ の逆関数として定められた (1.5 節)。これから, 例題 2.4 と同様の方法により, $x^{\frac{1}{n}}$ の導関数が

$$\frac{1}{n} x^{\frac{1}{n}-1}$$

となることを示せ。

2.5 費用と限界費用

経済の問題では，企業は，ものを作って売る場合，費用と売上高を考えて行動を決定する。費用は，作ったものの数量によって定まるから，数量の関数である。これを**費用関数**という。また，売上の結果得た収入は，やはり売ったものの数量によって定まり，数量の関数になる。これを**収入関数**という。

これらの費用関数，収入関数に対して，**限界費用**，**限界収入**という概念が使われる（詳しくは次章で述べる）。

経済学の書物では，これらは，もともとの財1単位に対しての費用の増加分，あるいは収入の増加分をいうと述べられている。つまり，もともとの財，すなわちこの場合は生産したものであるが，それのある数量に対する費用あるいは収入から更に1単位余分に作ったときの費用あるいは収入の増加分，ということである。

数学的には，次のようになる。

費用についていうと，企業の製品の生産量を q とし，その生産にかかる費用が，$c = C(q)$ という関数で表されているとする。このとき，限界費用というのは，実は微分係数

$$\frac{dc}{dq}$$

のことである。すなわち，限界費用とは財の微小変化分 dq に対する費用の増加分 dc の比の値のことである。これを，財1単位の増加分に対する費用の増加分と表現しているのであるが，このことについては，いささか説明を要するであろう。

このことを，微分法の起こりの問題である速度の問題と関連して考えてみよう。

例えばわれわれが，動きとして日常目にするのは，自動車の動きである。それらの動きでは，速さがつねに問題となる。

2.5 費用と限界費用

これについて考えてみる（図 2.7）。自動車には，速度計がついており，時々刻々の車のスピードがそれに表示される。これはタイヤの回転数を，スケールを変えてメーターに出しているものである。普通の乗用車では，タイヤの周の長さは約 170 cm であるが，これが 1 秒間に 10 回転すれば，1 時間に換算すると，

$$170 \times 10 \times 60 \times 60 = 6,120,000 \,(\mathrm{cm})$$

となり，時速約 60（km）となる。

1 秒間という短い時間では，速さはまず変化しないと考えてよいであろう。その間に，自動車は 170×10（cm）= 17（m）走る。すなわち，$\Delta t = \dfrac{1}{60 \times 60}$ 時間の走行距離が $\Delta y = 170 \times 10$（cm）となる。Δy を Δt で割って，時速となるのである。

このように，ごく短い時間 dt の間に走った距離 dy を考え，これを 1 時間の単位に換算しなおしたものが，速度（時速）なのである。

上の限界費用の場合も，これと同様である。すなわち，基礎の変数の微少な変化に対する関数値の変化の割合を，基礎の変数の変化が 1 単位のときの関数値の変化に換算して見るわけなのである。

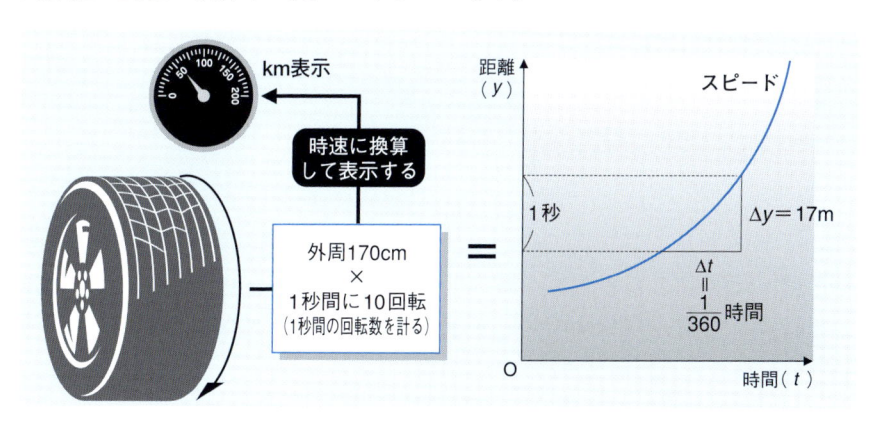

図 2.7　自動車の速度（時速）の算出方法

2.6 2項定理

$$(a+b)^2 = a^2 + 2ab + b^2$$
$$(a+b)^3 = a^3 + 3a^2b + 3ab^2 + b^3$$

は，誰でも知っている公式である。微分法の応用として，これを一般の場合に拡張した $(a+b)^n$ の形の式，いわゆる 2 項式の展開のための公式をあげよう。これは，数学のいたるところで用いられる重要な式で，**2項定理**といわれる。

$$(a+b)^n = a^n + {}_n\mathrm{C}_1 a^{n-1}b + {}_n\mathrm{C}_2 a^{n-2}b^2 + \cdots$$
$$+ {}_n\mathrm{C}_k a^{n-k}b^k + \cdots + {}_n\mathrm{C}_n b^n$$
$$= \sum {}_n\mathrm{C}_k a^{n-k}b^k \quad (k \text{ について } 0 \text{ から } n \text{ までの和})$$

ここで，右辺の係数，すなわち**2項係数** ${}_n\mathrm{C}_k$ は，$(a+b)^n$ の展開の $a^{n-k}b^k$ ($k+1$ 番目の項) の係数という意味で，n を C の左下に，k を C の右下に添えて書いたのである。この数は，次のように与えられる。

$${}_n\mathrm{C}_1 = n$$
$${}_n\mathrm{C}_2 = \frac{n(n-1)}{2}$$
$$\vdots \qquad \vdots$$
$${}_n\mathrm{C}_k = \frac{n(n-1)(n-2)\cdots(n-k+1)}{k!}$$
$$\vdots \qquad \vdots$$

分子は n からはじめて 1 ずつ減らしていったものの k 個の積である。分母の $k!$ は，$1, 2, \cdots, k$ の積，すなわち

$$k! = 1 \times 2 \times \cdots \times k$$

である。これを k の**階乗**という。

2.6　2項定理

また，2項係数を，$n=1$ のときからはじめて，順に書いていくと，図 2.8 の三角形型の配列が得られる。これを**パスカルの三角形**という。

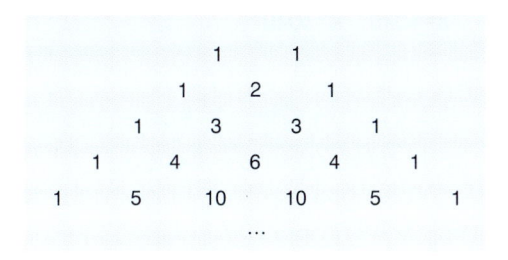

```
        1   1
      1   2   1
    1   3   3   1
  1   4   6   4   1
1   5   10  10  5   1
          ...
```

図 2.8　パスカルの三角形

2 項定理の係数

まず，$(a+x)^2$ の展開を考えてみる。$(a+x)^2 = a^2 + {}_2C_1 ax + {}_2C_2 x^2$
この両辺を微分すると，$2(a+x) = {}_2C_1 a + {}_2C_2 2x$
この両辺を比較して，${}_2C_1 = 2, \quad {}_2C_2 = 1$
が得られる。

同様に，$(a+x)^3$ の展開を考えてみよう。
$$(a+x)^3 = a^3 + {}_3C_1 a^2 x + {}_3C_2 a x^2 + {}_3C_3 x^3$$
この両辺を微分すると，$3(a+x)^2 = {}_3C_1 a^2 + {}_3C_2 a 2x + {}_3C_3 3 x^2$
この両辺を比較して，${}_3C_1 = 3, \quad {}_3C_2 = 3 \cdot {}_2C_1, \quad {}_3C_3 = 3 \cdot {}_2C_2$

一般に $(a+x)^n$ の場合，$(a+x)^n = \sum {}_nC_k a^{n-k} x^k$
この両辺を微分すると，$n(a+x)^{n-1} = \sum {}_nC_k a^{n-k} k\, x^{k-1}$
この両辺の x^{k-1} の係数を比較する。
ところで，$n(a+x)^{n-1} = \sum n\, {}_{n-1}C_{k-1} a^{(n-1)-(k-1)} x^{k-1}$
であるから，$n\, {}_{n-1}C_{k-1} = {}_nC_k\, k$
すなわち，${}_nC_k = \dfrac{n}{k}\, {}_{n-1}C_{k-1}$
となり，これから，次のように，${}_nC_k$ の値が定められる。

$$\begin{aligned}
{}_nC_k &= \frac{n}{k}\, {}_{n-1}C_{k-1} = \frac{n}{k}\frac{n-1}{k-1}\, {}_{n-2}C_{k-2} = \cdots \\
&= \frac{n}{k}\frac{n-1}{k-1}\cdots\frac{n-k+2}{2}\, {}_{n-k+1}C_1 \\
&= \frac{n(n-1)(n-2)\cdots(n-k+1)}{k(k-1)(k-2)\cdots 2\cdot 1}
\end{aligned}$$

□ k^2 の和,k^3 の和 □

1.1 節で k の和 $\quad 1+2+\cdots+n = \dfrac{1}{2}n(n+1)\quad$ を示した。

ここでは,k^2 の和 $\quad 1^2+2^2+\cdots+n^2\quad$ を求めてみよう。

まず,$k(k+1)$ の和を求める。

$$k(k+1) = \frac{1}{3}\{k(k+1)(k+2) - (k-1)k(k+1)\}$$

であるから,これを,$k=1,2,\cdots,n$ について加えると,次のように次々と打ち消し合って,

$$
\begin{aligned}
1\cdot 2 &= \frac{1}{3}(1\cdot 2\cdot 3 - 0\cdot 1\cdot 2) \\
2\cdot 3 &= \frac{1}{3}(2\cdot 3\cdot 4 - 1\cdot 2\cdot 3) \\
3\cdot 4 &= \frac{1}{3}(3\cdot 4\cdot 5 - 2\cdot 3\cdot 4) \\
&\vdots \\
n(n+1) &= \frac{1}{3}(n(n+1)(n+2) - (n-1)n(n+1)) \\
\hline
\sum k(k+1) &= \frac{1}{3}n(n+1)(n+2)
\end{aligned}
$$

$$\sum k(k+1) = \frac{1}{3}n(n+1)(n+2)$$

となる。

$k^2 = k(k+1) - k$ であるから,

$$\sum k^2 = \sum k(k+1) - \sum k = \frac{1}{3}n(n+1)(n+2) - \frac{1}{2}n(n+1)$$
$$= \frac{1}{6}n(n+1)(2n+1)$$

$k(k+1)$ の和を求めたのと同じようなやり方で,

$$\sum (k-1)k(k+1) = \frac{1}{4}(n-1)n(n+1)(n+2)$$

が示される。

$k^3 = (k-1)k(k+1) + k$ であるから,

$$\sum k^3 = \sum (k-1)k(k+1) + \sum k$$
$$= \frac{1}{4}(n-1)n(n+1)(n+2) + \frac{1}{2}n(n+1)$$
$$= \frac{1}{4}n(n+1)\{(n-1)(n+2) + 2\} = \frac{1}{4}\{n(n+1)\}^2$$

k^2 の和を用いて,円錐の体積,球の体積,そして球の表面積を求めよう.

円錐の体積

底面の半径 r,高さ h の円錐を,軸に直角に等しい幅に切って n 個に分割すると,分割された k 番目の部分は,上の面の半径が $\frac{k-1}{n}r$,下の面の半径が $\frac{k}{n}r$ の円錐台の板になる(図 2.9)。これを下の面の上に立てた円柱と考えても,そう大きな違いはないであろう.高さは $\frac{h}{n}$ であるから,この体積は $\pi \left(\frac{k}{n}r\right)^2 \frac{h}{n} = \pi r^2 h \frac{1}{n^3} k^2$ である.これを $k = 1, 2, \cdots, n$ について加える.

$$\sum \pi r^2 h \frac{1}{n^3} k^2 = \pi r^2 h \frac{1}{n^3} \sum k^2$$
$$= \pi r^2 h \frac{1}{n^3} \frac{1}{6} n(n+1)(2n+1)$$
$$= \frac{1}{6} \pi r^2 h \left(1 + \frac{1}{n}\right) \left(2 + \frac{1}{n}\right)$$

ここで $n \to \infty$(n を限りなく大きくしていく)としたときの極限値を求めれば,

$$\frac{1}{3}\pi r^2 h$$

となる,これが円錐の体積である.

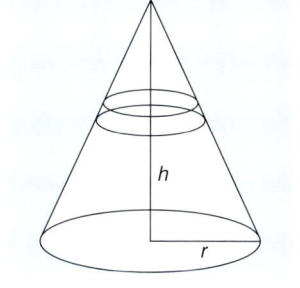

図 2.9 円 錐

球 の 体 積

半径 r の球を,その一つの直径に直角に等しい幅に切って $2n$ 個に分割する(図 2.10)。分割された上のほうから $k\,(1 \leq k \leq n)$ 番目の部分は,円錐の場合と同様に見て,底面の半径が $\sqrt{r^2 - \left(\dfrac{k}{n}r\right)^2}$,高さが $\dfrac{1}{n}r$ の円柱と考えると,その体積は

$$\pi\left(r^2 - \left(\frac{k}{n}r\right)^2\right)\frac{1}{n}r = \frac{\pi r^3}{n^3}(n^2 - k^2)$$

である。これを $k = 1, 2, \cdots, n$ について加え,さらに下の部分を考慮すると,

$$\begin{aligned}
2 \times \sum \frac{\pi r^3}{n^3}(n^2 - k^2) &= \frac{2\pi r^3}{n^3}(n^3 - \sum k^2) \\
&= \frac{2\pi r^3}{n^3}\left\{n^3 - \frac{1}{6}n(n+1)(2n+1)\right\} \\
&= 2\pi r^3\left\{1 - \frac{1}{6}\left(1 + \frac{1}{n}\right)\left(2 + \frac{1}{n}\right)\right\}
\end{aligned}$$

ここで $n \to \infty$(n を限りなく大きくしていく)としたときの極限値を求めれば,

$$\frac{4}{3}\pi r^3$$

となる。これが球の体積である。

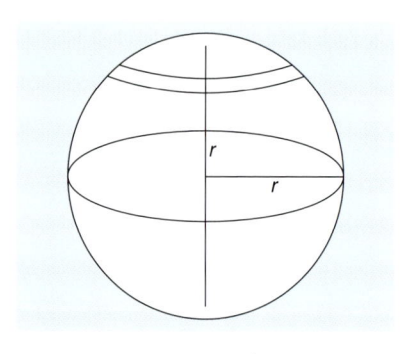

図 2.10　球

球の表面積

半径 r の球の表面積を S とすれば，S に半径の微少差 dr をかけると，これは半径 r と半径 $r+dr$ の球殻にはさまれた部分の体積と考えられる。これを dr で割って極限値をとれば S が求められる。すなわち，球の体積 $\frac{4}{3}\pi r^3$ を r で微分すれば表面積となる。したがって，球の表面積は

$$4\pi r^2$$

である。

付記　微分法の公式の証明

(1) 和の微分法　　$(u+v)' = u' + v'$

(2) 定数倍の微分法　　$(c\,u)' = c\,u'$　　　（c は定数）

については，問題ないであろう。

(3) 積の微分法　　$(uv)' = u'v + uv'$

$h(x) = f(x)g(x)$ とおく。そうすると，

$$h(x+\Delta x) - h(x) = f(x+\Delta x)g(x+\Delta x) - f(x)g(x)$$
$$= (f(x+\Delta x) - f(x))g(x+\Delta x) + f(x)(g(x+\Delta x) - g(x))$$

であるから，

$$\frac{h(x+\Delta x) - h(x)}{\Delta x}$$
$$= \frac{f(x+\Delta x) - f(x)}{\Delta x} g(x+\Delta x) + f(x)\frac{g(x+\Delta x) - g(x)}{\Delta x}$$

ここで，$\Delta x \to 0$ とすると，極限値は，

$$h'(x) = f'(x)g(x) + f(x)g'(x)$$

(4) 商の微分法　　$\left(\dfrac{v}{u}\right)' = \dfrac{v'u - vu'}{u^2}$

$w = \dfrac{v}{u}$ とおく。そうすると，$v = uw$ であるから，積の微分法により，

$$v' = u'w + uw'$$

この式から，w' を求めると，

$$w' = \frac{v' - u'w}{u} = \frac{v' - u'\dfrac{v}{u}}{u} = \frac{v'u - vu'}{u^2}$$

(4′) 関数の逆数の微分法　　$\left(\dfrac{1}{u}\right)' = -\dfrac{u'}{u^2}$

これは，(4) の商の微分法の式で，$v = 1$ とすれば得られる。

付記　微分積分法のおこり

微分積分法は，17 世紀はじめから研究された。

　　　カヴァリエリ（F. B. Cavalieri，1598～1647）
　　　トリチェルリ（E. Torricelli，1608～1647）
　　　フェルマ（P. de Fermat，1601～1665）
　　　バーロウ（I. Barrow，1630～1677）

などの先駆的な研究の後，

　　　ニュートン（I. Newton，1642～1727）
　　　ライプニッツ（G. W. F. Leibniz，1646～1716）

にいたって，その形式が完成した。

　本書では，積分法については述べないが，これははじめ，接線を求める演算の逆，すなわち逆接線法として研究された後，古来からの面積を求める問題との関連が追究されて，微分積分法の基本定理がニュートン，ライプニッツによって確立されたのである。

練習問題

1 次の関数を微分せよ。

(1) $x^4 + 2x^2 - 5x + 2$ 　　　　(2) $(3x - 2)(2x + 1)$

練習問題

(3) $\dfrac{1}{x^2+1}$ (4) $\dfrac{x}{x^3+1}$

(5) $\left(x+\dfrac{1}{x}\right)^4$ (6) $\sqrt{x^2+1}$

(7) $\dfrac{\sqrt{x^2+1}-x}{\sqrt{x^2+1}+x}$ (8) $(x^2+1)^{\frac{1}{3}}$

2 曲線 $y=\dfrac{1}{x^2+1}$ の概形を描き,曲線上の $x=1$ の点における接線の方程式を求めよ.

3 平面で $x^2+y^2=a^2$ が中心 0,半径 a の円を表していたのと同じく
$$x^{\frac{2}{3}}+y^{\frac{2}{3}}=a^{\frac{2}{3}} \qquad (a>0)$$
を考えると,これは,アステロイドとよばれる図 2.11 の曲線になる.

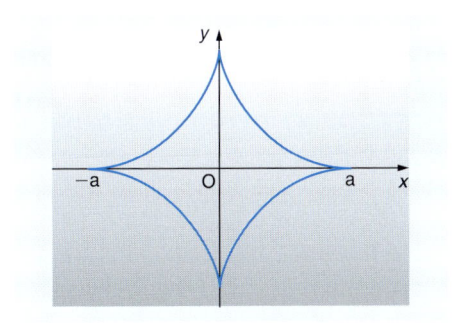

図 2.11 アステロイド

この曲線について,
(1) $\dfrac{dy}{dx}$ を求めよ.
(2) 曲線上の点 P において引いた接線が x 軸,y 軸と交わる点を T_x,T_y とするとき,線分 T_xT_y の長さを求めよ.

4 次の関数の導関数の値が 1 になる x の値を求めよ.
(1) $y=2x^2$
(2) $y=x^3+x^2$

5 関数 $y = x^2$ と $y = \sqrt{x}$ のグラフの交点におけるそれぞれの関数のグラフの接線の傾きを求めよ。

ボックス 2.2　ニュートンと微分法

　微分積分法は，ニュートン，ライプニッツが創始した。1670 年の頃である。二人は全く独立にその理論を作り上げた。

　微分ということの意味は 2.2 節で述べたが，
$$\frac{f(a+h) - f(a)}{(a+h) - a}$$
において，h を 0 に近づけたときの究極の値，ということであった。現在，われわれはこのような話に慣れているので，読者諸氏もさほど異には思われないであろうが，はじめてこのような考えに接した人たちにはずいぶん戸惑いがあったようである。

　「h を 0 にしたら，$\frac{0}{0}$ になるではないか。そのようなものに何の意味があるのか。」

　ニュートンも，これには，ずいぶん困ったようで，ニュートンの著書として有名な『**プリンキピア**』(Principia, 1683) には，次のように書いている。

　「漸減量には何ら究極の比というものは存在しないという反論がなされるかもしれない。なぜならば，この比は，その量が 0 となる以前には究極のものではなく，またそれが 0 となれば何もなくなってしまうからである。同じ論法により，ある場所に到達しようとしている物体は，究極の速度をもたないということが主張できるかもしれない。なぜならば，物体がその場所に来る前の速度は究極の速度ではなく，それが到着してしまえば，それは無くなってしまうからである。しかし，答えは容易である。というのは，究極の速度という言葉の意味は，物体がその場所にちょうど到着する瞬間，それ以前でもそれ以後でもなく，それがちょうど到着するその瞬間において，物体が動くその速度のことだからである。同じように，漸減量の究極の比というのは，それが 0 となる以前でもなければ以後でもなく，それがちょうど無くなるときの量の比のことだと理解されるべきである。同様にして，漸減量の最初の比というのは，それがちょうど始まるときのそれである。速度には，それが運動の終わりにおいて達せられ，しかもそれを超えないようなある極限がある。それが究極の速度である。また，すべての量や比には，それが始まりまた終わるところの同様の極限がある。」

　ニュートンは，ものの運動ということを追究して，瞬間の速度というものの理解から，上のように書いているのである。ライプニッツは，接線というものの幾何学的意味から考察しているので，上記とはやや異なるが，ここには説明しない。

　　　ニュートン（I. Newton, 1642〜1727）
　　　ライプニッツ（G. W. F. Leibniz, 1646〜1716）

微分法の応用
——値の動きの分析

3

　一定の材料のものを使って最大の効果を得ようとすることは，古くから人々の関心事であった。きっと，いろいろな試行錯誤が行われたに相違ない。

　例えば，同じ量の粘土を使って容積の一番大きなつぼを作るには，球形にしたほうがよい（口のところをどうするかの問題はあるが）というようなことである。

　値の動きの分析は，各方面で中心となる課題である。われわれは，今や，微分法という強力な手段をもっており，それを駆使して，問題の解明にあたることができる。

　各点での微分係数のプラス・マイナスは，その点で関数が増加か減少かの判定を与えるが，それだけではその増加の度合いが増しているのか減っているのかまではわからない。ここに第2階の導関数が必要になる。これは，最大，最小の判定にも重要なものである。

　経済問題では，利潤をどのようにあげていくか，生産すべきか否か。決定すべきことは多々ある。この章の後半では，そのような経済問題を少し取り上げることにする。

3.1 関数値の増減

関数 $y = f(x)$ において，x の値の増加に伴って，y の値が増加するか減少するか，その様子をどうとらえるか，について考えてみよう。

図 3.1 に見るように，増加，減少の状態は場所によって変わる。あるところではなだらかであり，あるところでは急である。

グラフの各点の近くでの局所的状態を示すのが接線であり，その傾きがその点での微分係数であった。この値が大きければグラフの傾きはきつく，変化は急となる。小さければ，変化はゆるやかである。導関数の値が正のところでは関数は増加，導関数の値が負のところでは，関数は減少していることになる。導関数 $f'(x)$ の値が一定値ならば，変化の様子も一定で，直線的な変化である。

すなわち，関数の変化の様子を如実に示すものが導関数である。

例題 3.1

図 3.1 は，

$$y = f(x) = x^3 - 6x^2 + 9x - 2$$

のグラフを描いた。

$$y' = f'(x) = 3x^2 - 12x + 9$$
$$= 3(x-1)(x-3)$$

であるから，y の値の増減は，表 3.1 で示される。

$f'(x) > 0$ のところで $f(x)$ は増加
$f'(x) < 0$ のところで $f(x)$ は減少

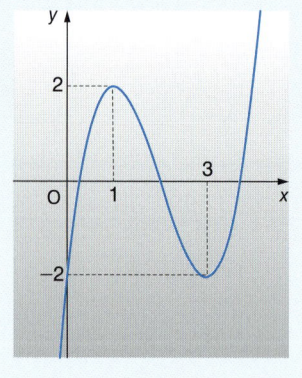

表 3.1　y の値の増減

x	$\cdots$	1	$\cdots$	3	$\cdots$
y'	+	0	−	0	+
y	↗	2	↘	−2	↗

図 3.1　$y = x^3 - 6x^2 + 9x - 2$ のグラフ

3.2 極 値

さて,それでは,この変化が止まってしまったところでは,どうなっているであろうか。

そこでは関数は増えも減りもしないので,$f'(x)$ の値は 0 でしかありえない。

そこで,$f'(x) = 0$ という状況を考えてみよう。

図 3.2 は,$f'(x) = 0$ となる状況を,いろいろ考えてみたものである。

(a), (b) は,いったんは 0 となったが,増加,減少の状況をそのまま続けていく場合

(c) は,それまで増加だったのが,その点を境に減少に転ずる場合

(d) は,それまで減少だったのが,その点を境に増加に転ずる場合

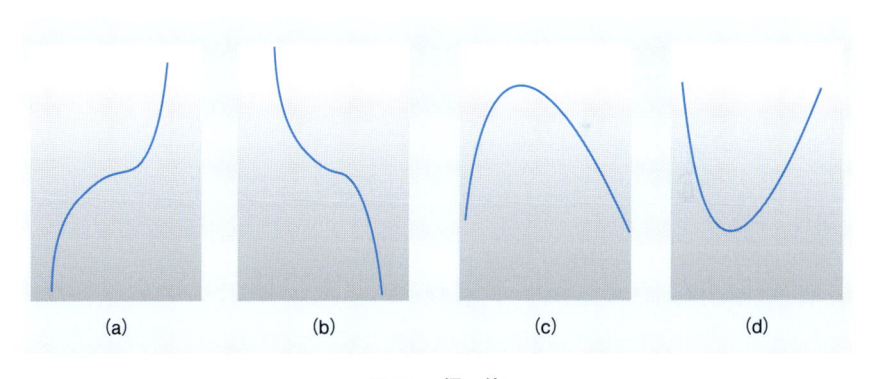

図 3.2 極 値

(c) の場合には,確かにこの点で関数値は最大となっており,(d) の場合には,最小となっている。しかし,これらのことは,関数をこの点の近くで局所的に見た場合のことであり,一般には関数はもっと広い範囲で定義されていて,図 3.1 のように増減を繰り返しているであろう。そこで,これら局所的な最大,最小は,極大,極小とよばれている。

極大……関数が増加から減少に移るところ。
極小……関数が減少から増加に移るところ。

極大の値，極小の値をまとめて，**極値**という。

関数が最大となる場所を探すには，極大の点を候補者として，そのうちから求めればよい。最小となるところについても同様である。

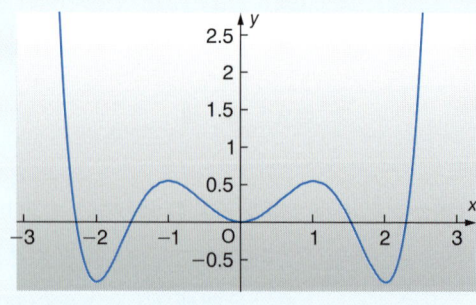

例題 3.2 関数 $y = f(x) = \dfrac{1}{20}(2x^6 - 15x^4 + 24x^2)$ の極大，極小。

$$y' = f'(x) = \dfrac{3}{5}(x^5 - 5x^3 + 4x) = \dfrac{3}{5}x(x^2-1)(x^2-4)$$

したがって，y の値の増減は，表 3.2 で示される（グラフは図 3.3）。この表によって，

$x = -2,\ x = 0,\ x = 2$　で $f(x)$ は極小
$x = -1,\ x = 1$　で $f(x)$ は極大

表3.2　極大・極小

x	$\cdots$	-2	$\cdots$	-1	$\cdots$	0	$\cdots$	1	$\cdots$	2	$\cdots$
y'	$-$	0	$+$	0	$-$	0	$+$	0	$-$	0	$+$
y	↘		↗		↘		↗		↘		↗

図 3.3　$y = \dfrac{1}{20}(2x^4 - 15x^4 + 24x^2)$ のグラフ

3.3 曲線の曲がり方

曲線は曲がっていく。

x が大きくなるに従って曲線が左側に曲がっていくか，右側に曲がっていくか，またその曲がり方はどれくらいかは，興味があることであるとともに，実用的にたいへん大切なことである。

図 3.4 の左側の図のように，左のほうに曲がっていくときは，接線はだんだん上向いてくる。曲線 $y = f(x)$ の接線の傾きは，導関数 $f'(x)$ の値で与えられるから，このことは $f'(x)$ がこの附近で増加であることを意味する。したがって，$f'(x)$ の導関数を $f''(x)$ と書くとき，$f''(x) > 0$ である。このとき，関数，およびそのグラフは下に凸という。

また，右側の図のように，右のほうに曲がっていくときは，$f'(x)$ は減少であるから，$f''(x) < 0$ である。このとき，関数，およびそのグラフは上に凸という。

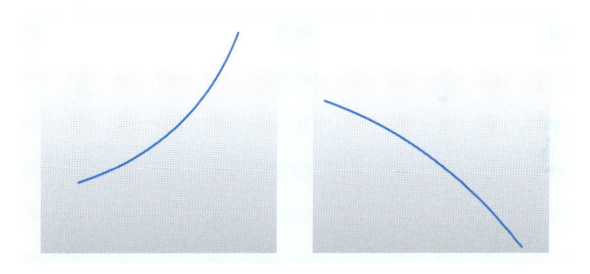

図 3.4 曲線の曲がり方

第 2 階導関数……導関数 $f'(x)$ の導関数 $f''(x)$ を $f(x)$ の第 2 階導関数という。第 2 次導関数ともいわれるが，2 次関数とまぎらわしいので，第 2 階導関数ということにする。

関数 $y = f(x)$ に対して，その第 2 階導関数は，

$$f''(x), \qquad y'', \qquad \frac{d^2 y}{dx^2}$$

などと書かれる。

3.4 極値の判定

第 2 階導関数の一つの重要な用途は，これによって，極大，極小の判定ができることである．

関数 $y=f(x)$ において，$f'(x)=0$ となる x が，極大，極小を与える点の候補者である．

いま，$f'(a)=0$ であるとする．

$f''(a)>0$ のときは，前ページで述べた曲線の曲がり方から，$x=a$ の近くで，曲線は図 3.5 の左の図のような形になっている．したがって，$x=a$ は極小を与える点であることがわかる．また，$f''(a)<0$ のときは，$x=a$ は極大を与える点になっている．

> 関数 $y=f(x)$ において，$f'(a)=0$ のとき，
> $f''(a)>0$ ならば，$f(x)$ は $x=a$ で極小
> $f''(a)<0$ ならば，$f(x)$ は $x=a$ で極大

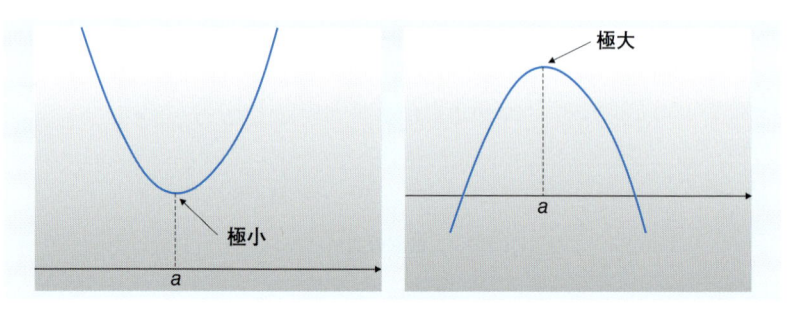

図 3.5　極値の判定

第 2 階導関数を使って極大，極小を判定する方法は，一つの一般的原則として，いろいろな理論で，広く用いられているものである．

曲線の形は，コンピュータの発達した現在，それを使ってグラフを描いてみればわかる．ここで述べられていることは，理論としての考察において，重要になるものである．

3.4 極値の判定

3.2 節であげた例を，第 2 階導関数を使って調べてみよう．

例題 3.3　　関数 $y = x^3 - 6x^2 + 9x - 2$ の極大，極小（表 3.3）．

$y' = f'(x) = 3x^2 - 12x + 9 = 3(x-1)(x-3)$

$y'' = f''(x) = 6x - 12 = 6(x-2)$

表3.3　$y = x^3 - 6x^2 + 9x - 2$ の極大・極小

x	$\cdots$	1	$\cdots$	2	$\cdots$	3	$\cdots$
y''	$\cdots$	$-$	$\cdots$	0	$\cdots$	$+$	$\cdots$
y'	$\cdots$	0	$\cdots$		$\cdots$	0	$\cdots$
y	$\cdots$	極大	$\cdots$		$\cdots$	極小	$\cdots$

□ **第 2 階導関数と 2 次関数** □

2 次関数 $y = ax^2 + bx + c$ においては，$y' = 2ax + b$，$y'' = 2a$ である．$y' = 0$ となるのは，$x = -\dfrac{b}{2a}$ のときで，
$a > 0$ ならば y はこの点で極小，$a < 0$ ならば y はこの点で極大，となる．

一般の関数 $y = f(x)$ をこれと対比して見てみると，$f'(\alpha) = 0$ とするとき，この関数は，$x = \alpha$ の近くでは，下の例題 3.4 から知られるように，

　　2 次関数　　$y = \dfrac{1}{2} f''(\alpha)(x - \alpha)^2 + f(\alpha)$

と同じ振る舞いをするのだ，ということになる．

接線が，1 点の近くで曲線にはりついて増減をきめているのと同様に，$f'(\alpha) = 0$ である点 α では，点 $(\alpha, f(\alpha))$ の近くで，この 2 次関数が，この関数を表現しているのである．

例題 3.4　　例題 3.3 の関数について，$\alpha = 1$ のときを考えてみよう．

$f(x) = x^3 - 6x^2 + 9x - 2 = (x-1)^3 - 3(x-1)^2 + 2$

と書けるが，ここで $x = 1$ の近くでは，$(x-1)^3$ は $(x-2)^2$ に比して微小となるからこれを無視すると，$y = f(x)$ は $x = 1$ の近くでは，

　　2 次関数　　$y = -3(x-1)^2 + 2$

と同じ振る舞いをすることになる．

□ 在 庫 問 題 □

微分法の適用で問題を解決する最初の例として，1.3 節で扱った在庫の問題を取り上げよう．

> **例題 3.5** ある商事会社で扱うある製品の年間総売上量が 1,200 単位であるとする．この品物を年間何回かに分けて発注することにする．1 回の発注量はいつも同じ量にすることにして，最も経済的な発注量を定めよ．

製品は単価 5,000 円，1 単位の製品を 1 年間在庫させるのに要する費用は単価の 10 %，1 回の発注に必要な諸経費は 7,000 円であるとする．

解 1 回の発注量を x 単位とするとき，費用の合計は，
$$y = 250\,x + \frac{8,400,000}{x}$$
ということで，この関数を最小にする x の値を求めたのであった．
$$y' = 250 - \frac{8,400,000}{x^2}, \quad y'' = \frac{2 \times 8,400,000}{x^3}$$
で，$y' = 0$ となるのは，
$$x = \sqrt{\frac{8,400,000}{250}} \fallingdotseq 183$$
のときで，$x > 0$ ではつねに，$y'' > 0$ であるから，この値は y の最小を与える（図 3.6）．

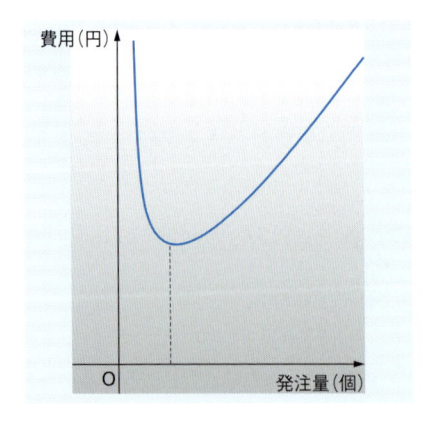

図 3.6 グラフによる説明（例題 3.5）

3.5 費用と利潤

費用関数……TC

  TC = total cost

 企業の製品の生産量を q とする。その生産にかかる総費用が，$c = C(q)$ という関数—費用関数—で表されるとする。

  $c \cdots$ cost, $q \cdots$ quantity

 費用は，固定費と変動費から成る。固定費は，1.1節の損益分岐点のところで述べたように，生産と関係なく必要とされる費用，変動費は生産にスライドしてかかる費用である。

 費用関数を表す曲線は，ある点までは上に凸，それからは下に凸の形状をなすといわれる。上に凸なのは，生産量が少ない間は，増産に伴って生産の効率がよくなること，また下に凸なのは，稼働率に限度があって，だんだん能率が低下することの反映である（図 3.7）。

平均費用……$\mathrm{AC} = \dfrac{C(q)}{q}$ 生産物 1 単位当たりの費用。

  AC = average cost

限界費用……$\mathrm{MC} = C'(q)$ 生産量が 1 単位増加するときの費用の増加分。

  MC = marginal cost

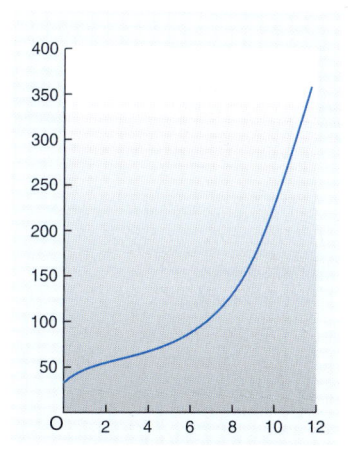

図 3.7　費 用 関 数

限界費用曲線 MC は，平均費用曲線 AC の最小の点で，AC と交わる。実際，AC が最小になる点は，

$$(AC)' = \left(\frac{C(q)}{q}\right)' = \frac{C'(q)q - C(q)}{q^2} = 0$$

すなわち，

$$C'(q) = \frac{C(q)}{q}$$

のときである。

そして，この式の左辺は MC の値，右辺は AC の値である。

利潤……この企業の製品 1 単位当たりの価格を p とすれば，q 単位造ったときの企業の利潤は，売上高 pq から費用を引いたものとして，

$$G = pq - C(q)$$

で与えられる。

これを最大にすることが求められるわけである。

ところで，$\dfrac{dG}{dq} = p - C'(q)$

であるから，これが 0 になるように生産量を決定すればよい。あるいは，生産量をきめたうえで価格をきめればよい。

価格について　価格は，すでに製品が市場に出回って相場ができているようなときには，それに従って定まることになる。独占企業の場合には，価格設定は自由にできるわけである。

例題 3.6　いま，費用関数 TC が次のように与えられているとする。

$$C(q) = \frac{1}{3}q^3 - 3q^2 + 15q + 36$$

(1)　平均費用 AC と限界費用 MC を求め，これを図示せよ。

(2)　この二つの交点として，平均費用最小の点が定まることを確かめよ。

(3)　市場価格がいくらのとき，生産高にかかわらず利潤がマイナスになるか。

3.5 費用と利潤

解 (1) AC：$AC(q) = \dfrac{1}{3}q^2 - 3q + 15 + \dfrac{36}{q}$

MC：$MC(q) = q^2 - 6q + 15$

グラフは図 3.8, 図 3.9。

(2) AC が最小となるのは，
$$AC'(q) = \dfrac{2}{3}q - 3 - \dfrac{36}{q^2} = 0$$
のときである。これから，次の方程式が得られる。
$$2q^3 - 9q^2 - 108 = 0$$
この解は，$q = 6$ である。

$q = 6$ のとき，$AC(q) = MC(q) = 15$ となる（図 3.10）。

(3) $G = pq - C(q) = q\left(p - \dfrac{C(q)}{q}\right)$

であるから，p の値が $\dfrac{C(q)}{q}$，すなわち $AC(q)$ の最小値 15 よりも小ならば，生産がいくらでも，利潤はマイナスになる。

p がこの値以上のとき，$p = \dfrac{C(q)}{q}$ を満たす q に対して，pq が損益分岐点になる。

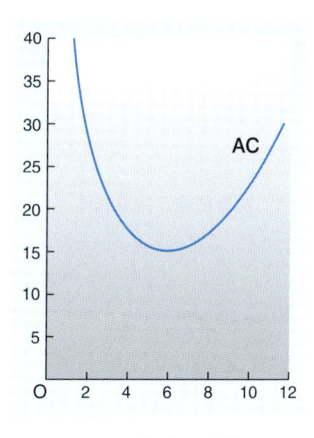

図 3.8 平均費用曲線

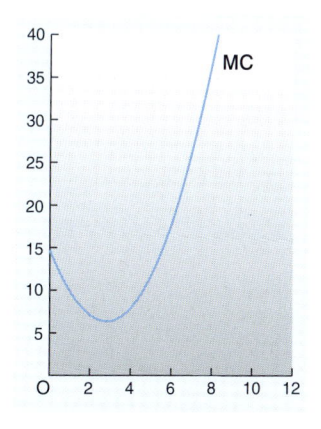

図 3.9 限界費用曲線

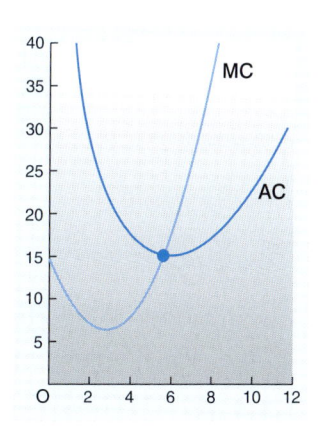

図 3.10 損益分岐点

3.6 需要,供給の価格弾力性

需要曲線は,1.4 節で示したもので,ある財の価格が与えられたとき,市場での需要がどれだけあるかを示したものである。

価格が p のときの需要の数量を q として,この関係が

$$q = f(p)$$

という式で示されるとき,これをグラフにするときは,1.4 節で述べたように,p を縦軸に,q を横軸にとって図示する(図 3.11)。

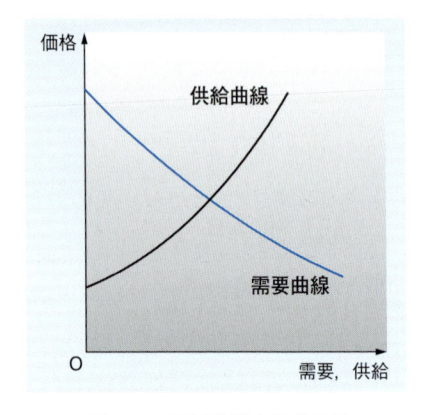

図 3.11 需要曲線と供給曲線

価格が上がれば需要は減る,価格が下がれば需要は増える,ということから,このグラフの曲線は右下がりの曲線である。

価格が p のとき q だけの需要があるのであるから,収入として pq が見込まれる。p を増減させたとき,この収入は,どう変化するであろうか。

$$\frac{d(pq)}{dp} = q + p\frac{dq}{dp} = q\left(1 + \frac{p}{q}\frac{dq}{dp}\right)$$

ここで,需要曲線が右下がりであることから,$\frac{dq}{dp} < 0$

そこで,

$$\varepsilon = -\frac{p}{q}\frac{dq}{dp}$$

とおき,これを**需要の価格弾力性**という。

ε はギリシア文字で,イプシロンと読む。

$\varepsilon > 1$ ならば,$\frac{d(pq)}{dp} < 0$ これは価格が上がると需要が減り,そして収入も減少することを意味するが,需要のほうから見ると,需要が増えると,

3.6 需要，供給の価格弾力性

価格は下がるが収入は増加することになる。このとき，この需要曲線は**弾力的**であるという。$\varepsilon < 1$ のときは，**非弾力的**であるという。

弾力性の意味を少し考えてみよう。

価格と数量は，本来直接比較の対象にはならないものである。一方は円単位であり，一方は kg とか，個数とか，まるきり違う単位のものであるし，また単位の取り方もいろいろある。したがって，$\dfrac{dq}{dp}$ といっても，あまり意味をなさない。

一方，価格が 1% 低下したとき，需要量が何 % 上昇するか，という比率の問題にすると，これは比較のできるものとなる。

そこで，いま，弾力性の式を，

$$\varepsilon = -\frac{p}{q}\frac{dq}{dp} = -\frac{\dfrac{dq}{q}}{\dfrac{dp}{p}}$$

としてみると，$\dfrac{dp}{p}$ は，価格の変化の割合であるし，$\dfrac{dq}{q}$ は，需要量の変化の割合である。したがって，上の式は，はっきりした意味をもつ。

すなわち，

$$\text{需要の価格弾力性}\quad \varepsilon = \frac{\text{需要の変化率}}{\text{価格の変化率}}$$

である（図 3.12）。

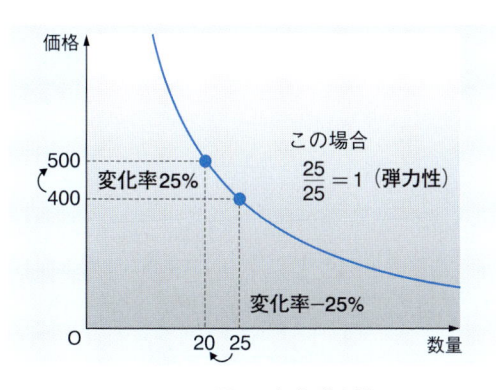

図 3.12 需要の価格弾力性

$\varepsilon > 1$ すなわち弾力的な財のときは，需要量の変化が価格の変化を上回るということで，すなわち，価格が少々変化しても，それより需要量の変化のほうが大きい，ということである．これは，贅沢品にあてはまる（図 3.13）．

例えば，欲しいけれども値が高いと思って，横目で見て通っていた品物があるとする．ところが，ある日「1 割引」という張り紙が出た．そしたら，そう思っていた人達がワーッと殺到して，商店は，十分もとをとった．このようなときが，需要が価格に対して弾力的であるケースである．

$\varepsilon < 1$ すなわち非弾力的な財のときは，価格が変化しても，それほど需要量は変わらない，ということで，これは生活必需品にあてはまる．

例えば，米の需要はほぼ一定であると考えられる．値が多少上下しても，需要はほとんど変わらず，値の上下は収益にそのまま響いてくる．このような需要は，価格に対して弾力的でない．

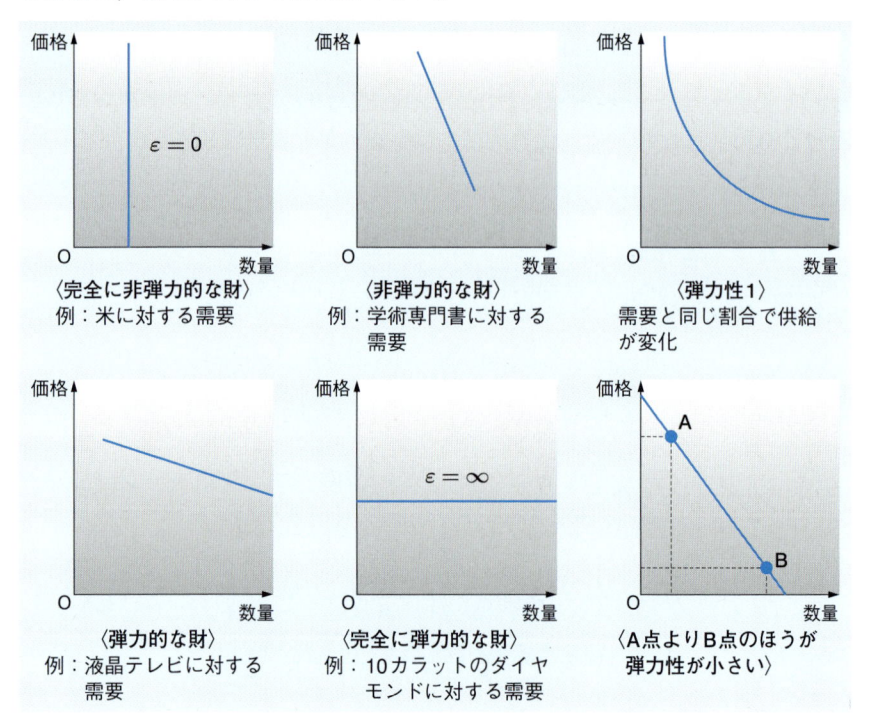

図 3.13 需要の価格弾力性の特徴

3.6 需要, 供給の価格弾力性

問 3.1 需要関数が,

$$q = Ap^{-\alpha} \quad (A > 0, \, \alpha > 0)$$

という形で与えられているとき, 需要の価格弾力性を求めよ。

どのようなときに, 需要曲線は, 弾力的となるか。また, 非弾力的となるか。

供給曲線についても, 同様に

$$供給の価格弾力性 = \frac{供給量の変化率}{価格の変化率}$$

によって, **供給の価格弾力性**が定められる。供給曲線は右上がりであるから, このときマイナスの符号をつける必要はない。

例として, 土地の供給問題を考えてみよう。

価格に弾力性があるのは, 例えば, 電車沿線の地価のようなもので, 価格が少し高いところは, より供給量が多くなると思われる。これに対し, 高級住宅地といわれているようなところでは, 価格が上がっても供給は見込まれず, 弾力性はない (図 3.14)。

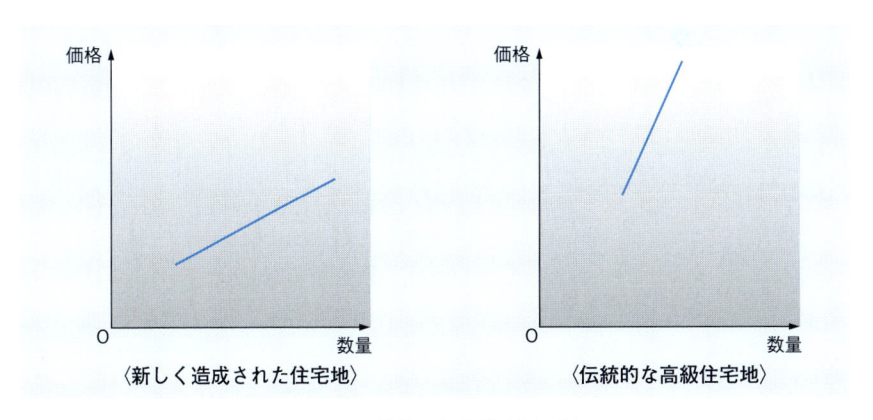

図 3.14 供給の価格弾力性の例

3.7 景気動向指数（DI）

この章の最初に述べた，導関数の正負で，関数の増減を知ることの，一つの実際的応用として，景気動向指数（DI：diffusion index）というものがある。

いろいろな経済分野のうちから，景気に敏感な指標を 30 選び，各指標を 3 カ月前の値と較べる。上がっていれば ＋，下がっていれば － として，＋ の数から － の数を引いたものの割合を，100 から 0 までに割り付けたものである。この指数が 50 を超えていれば全体として ＋，50 以下ならば － ということである（図 3.15）。これは，絶対的な数値を示すものではないが，景気の動きを観察するのに用いられる。数値が大きいほうが景気がよい，という意味はない。

DI が 50 ％ を上回っているときは，導関数が正であることになるから，景気は上昇している。DI が 50 ％ を下回っているときは，導関数が負で，景気は下降中であることを示している（図 3.16）。

日銀短期経済観測でも，この DI を作って，景気の分析をしている。

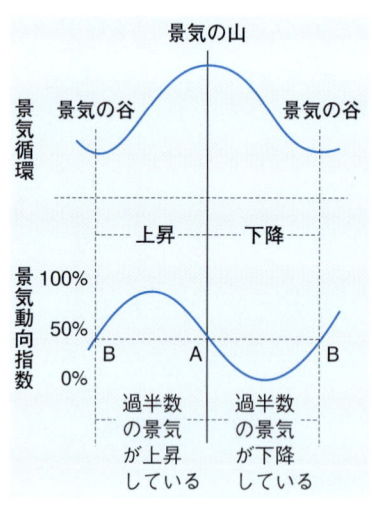

図 3.15　景気の転換点

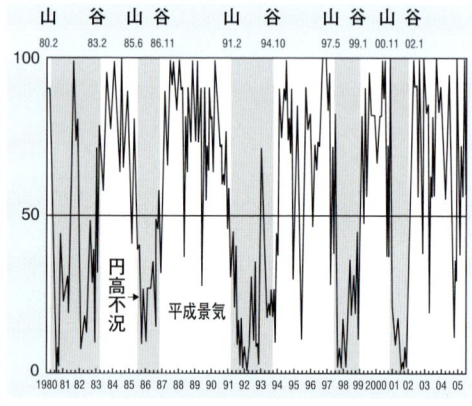

図 3.16　DI（景気動向指数）の推移（一致指数）
(注)　1　景気の名称は，通称である。
　　　2　シャドー部分は，景気後退期を示す。
(資料)　内閣府「景気動向指数」
(出所)　総務省「PSI 年報 (2006)」

練習問題

1 関数 $f(x) = 2x^3 - 9x^2 + 12x - 3$ について,次の問に答えよ。

(1) どんな範囲で $f(x)$ は減少するか。

(2) $f(x)$ の極値を求めよ。

(3) $0 \leq x \leq 2$ における $f(x)$ の最大値と最小値を求めよ。

2 次の関数の増減を調べ,極値を求めよ。

(1) $y = 2x^4 - 8x$

(2) $y = 3x^4 - 6x^2 - 1$

3 曲線 $y = \dfrac{1}{x^2 + 1}$ において,$y'' = 0$ となる点におけるこの曲線の接線の方程式を求めよ。

4 ある工場で,原料の発注量を定めるために過去のデータを調査したところ,次の通りであった。

  年間必要量 60,000 トン(t)

  発注費 1 回につき 10,000 円

  原料の 1t 当たり単価 4,000 円

  年間在庫保管率 10%

このデータをもとに,最適発注量を定めよ。

5 ある企業におけるある生産財について,その費用関数 $C(q)$ が次のように与えられているとする。

  $c = C(q) = q^2 + 100$

  $c \cdots$ 総費用 TC

  $q \cdots$ 生産量

(1) 限界費用関数と平均費用関数を求めよ。

(2) この財の市場価格が 50 ならば,生産量をいくらにするとき利潤が最大となるか。

(3) いくら生産しても利潤が生まれないような市場価格のときもある。市場価格がいくらのとき,そのようになるか。

6 いくら生産しても利潤が生まれない価格のとき，それでも生産をしなければならないこともある。それは市場維持のこともあるであろうし，また従業員への賃金の支払い等のこともあるであろう。このとき，固定費まではカバーしきれなかったとしても，変動費より売上高が多ければ，生産を実行したほうがよいと考えられる。

このときは，3.5 節の考察を，変動費だけについて行う。すなわち $C(q) - C(0)$ について同様の考察を行う。

3.5 節例題 3.6 の費用関数について，生産を実行するためには，価格がいくら以上でなければならないか定めよ。

7 $x = 1$ で極小値 -8, $x = 3$ で極大値 8 をとる 3 次関数を求めよ。

8 関数 $y = x^3 + ax^2 + 3x + 5$ がつねに増加するように，定数 a の値の範囲を定めよ。

9 関数 $y = ax^3 - 6ax^2 + b$ について，$1 \leqq x \leqq 2$ における最大値が 5, 最小値が -17 であるように，定数 a, b の値を定めよ。ただし，$a > 0$ とする。

指数関数的増大

　この章では，指数関数について調べる。

　指数関数は，累乗の関数とならんで，経済数学において，非常に多用される関数である。

　基本的に，それは，増殖の過程を表すことによる。金銭の貸借に関連することであったり，また人口の増殖などの過程を表現するものであったりし，その増殖の割合が，その時点でのものの量に比例する関係を表現したりするとき，そのような過程を調べる根本の道具となるのである。

　指数関数の逆関数として，対数関数がある。これは，指数関数を活用するのに，不可欠の関数である。

　これらの関数の性質を調べ，また，これをどのように増殖の問題の解明に役立てるかの例をあげた。

　数学の応用において，最もしばしばお目にかかるのが正規分布である。厄介な形をしており，詳しく述べることはできないが，このような形のものであるということを理解してもらう程度に述べておいた。

　本章では，数学で非常に大切な数である e が導入される。

4.1 指数関数的増大

あるものが，2倍，2倍に増えていくとしよう。例えば，平成8年に大問題になった病原性大腸菌O157。これが30分に1回細胞分裂して2個になったとしよう。そうすると，2, 4, 8, 16, 32, … と増えて，最初のうちは大したことがないように見えるが，1昼夜後には，約300兆個という，手のつけられないような数になる。

このような増大を **指数関数的増大** という（図4.1）。

また，放射性物質では，半減期という術語がよく用いられる。これは物質の量が $\frac{1}{2}$ になるまでの時間をいうのであり，上記では2倍，2倍となっていたが，ここでは半分，半分となっていく。

19世紀はじめ，『人口論』を書いたマルサスは，「人口は，指数関数的に増えるが，食料は等差級数的にしか増えない。したがって，食料不足の時期が必ず来る」といっている。ただし，人口問題については，今日では，違うモデルが用いられている（後に述べる）。

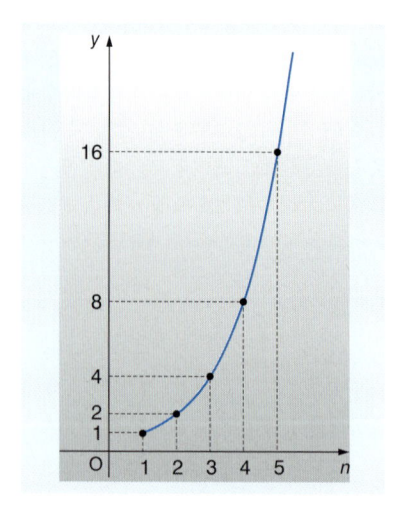

図 4.1 指数関数的増大

4.1 指数関数的増大

表 4.1, ならびに図 4.2 は, 近年の携帯電話の普及の状況を示したものである。図 4.1 のグラフと比較してみると, 同様の傾向にあることがわかる。

表 4.1 携帯電話の普及の状況

時　期	携帯電話 加入契約数
1988 年度末	242,888
1989 年度末	489,558
1990 年度末	868,078
1991 年度末	1,378,108
1992 年度末	1,712,545
1993 年度末	2,131,367
1994 年度末	4,331,369
1995 年度末	10,204,023
1996 年度末	20,876,820
1997 年度末	31,526,870
1998 年度末	41,530,002
1999 年度末	51,138,946
2000 年度末	60,942,407
2001 年度末	69,121,131
2002 年度末	75,656,952
2003 年度末	81,519,543
2004 年度末	86,997,644
2005 年度末	91,791,942
2006 年度末	96,717,920

（出所）情報通信統計データベース

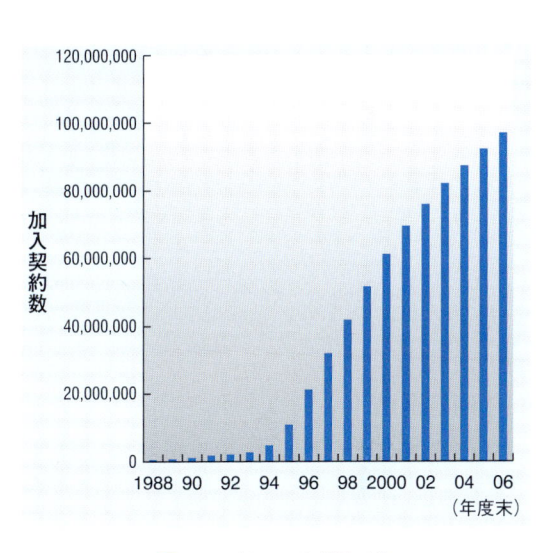

図 4.2 表 4.1 のグラフ化

一方, 図 4.3 のグラフは, FTTH（光ファイバーによる家庭向けのデータ通信サービス）の普及の状況を調べたものである（四半期ごとのデータ）。2002 年 6 月末には 6.9 万件の契約数であったところが, 2007 年 3 月末には 1,215.3 万件に増加しており, 上の例以上の指数関数的増大が見られる。

第 4 章　指数関数的増大

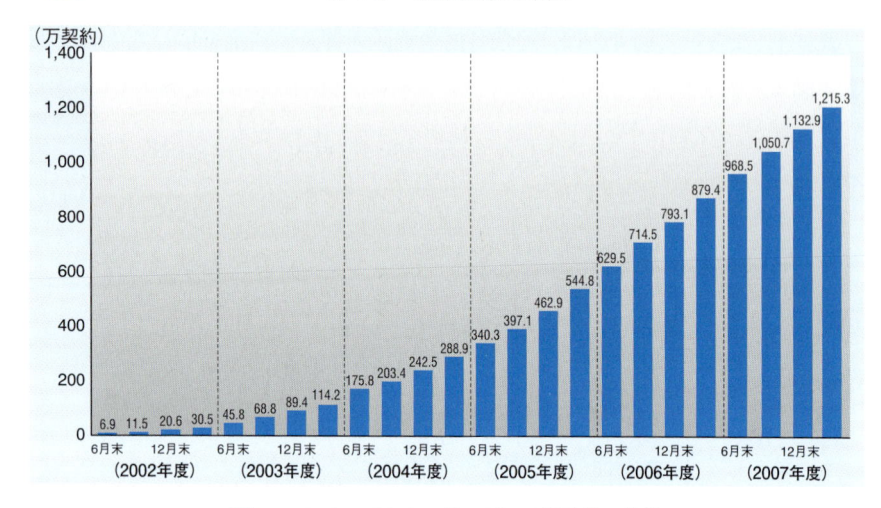

図 4.3　FTTH アクセスサービスの契約数の推移

（注）2004 年 6 月末分より電気通信事業報告規則の規定により報告を受けた契約数を，それ以前は事業者から任意で報告を受けた契約数を集計。
（出所）総務省 HP（ブロードバンドサービスの契約数等（平成 20 年 3 月末））

□ 指 数 関 数 □

指数関数とは，$a > 0, a \neq 1$ として，

$$y = a^x$$

という関数である。

これは，$a > 1$ のとき，極めて急速に大きくなっていく，という特徴がある（図 4.4）。

指数関数は，いろいろなことの数学的記述になくてはならない関数である。

4.1 指数関数的増大　　　　　　　　85

（図 4.4 指数関数）

(a>1のとき)

(0<a<1のとき)

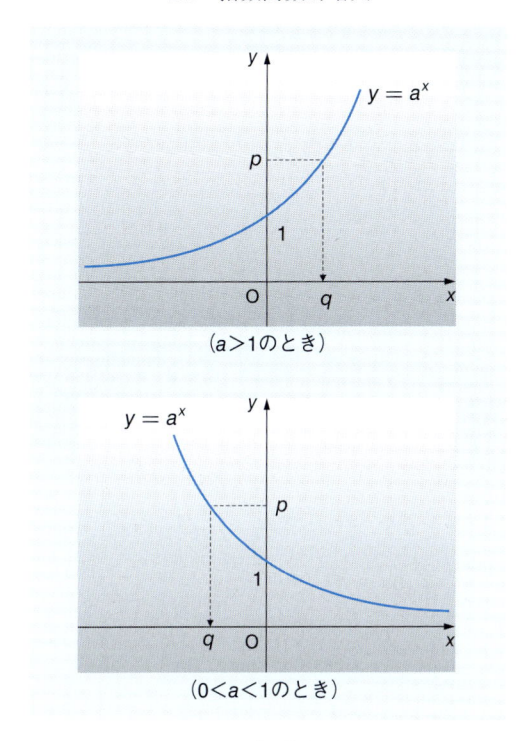

図 4.4　指 数 関 数

□ 元 利 合 計 □

預金，あるいは借入金については，複利計算が用いられる。元金 a 円，年利率が r のとき，1 年後の**元利合計**は $a(1+r)$ 円，2 年後の元利合計は $a(1+r)^2$ 円 というように，$1+r$ 倍ずつになっていく。

2009 年の現在における日本では，預金の利率は 0.1% 以下という驚くべき低利率であるが，これが定期預金の年利率が 7% 以上であった頃は，$1.07^{10} = 1.967$ で，10 年据え置けば，ほぼ 2 倍になったのである。

現在，消費者金融では，2 割までの利率が認められている。仮に，大学入学時に 10 万円を年 15% の利率で借りて，それを就職して給料が入ったら返そうと考えたとする。そうすると，

　　　1 年後　　$10 \times 1.15 = 11.5$

2 年後　$11.5 \times 1.15 = 13.225$

3 年後　$13.225 \times 1.15 = 15.20875$

4 年後　$15.20875 \times 1.15 = 17.4900625$

すなわち，その時期には 17 万 5 千円近くにもなることになる．心しなければならないことである．

例題 4.1　江戸時代のある数学書に，金 8 両を年賦で借りて，毎年 5 両ずつ返して，2 年でちょうど完済になった．年利率はいくらであったか，という問題がある．

この年利率を求めよ．

解　年利率を r とすれば，1 年後の元利合計は $8(1+r)$．

そのうち 5 両返して，残り $8(1+r)-5$ をもう 1 年借りると，その年の終わりの元利合計は $(8(1+r)-5)(1+r) = 8(1+r)^2 - 5(1+r)$ である．

5 両返して完済したのであるから，

$$8(1+r)^2 - 5(1+r) - 5 = 0$$

これを r の 2 次方程式として解けば，$r = \dfrac{-11+\sqrt{185}}{16} \doteqdot 0.16$

答　約 16 %

ボックス 4.1　割引現在価値

前述のように元金 a 円，利率 r のとき，1 年後の元利合計は $a(1+r)$ 円，2 年後の元利合計は $a(1+r)^2$ 円と示され，n 年後の元利合計は，以下のように示すことができる。

n 年後の元利合計 $b =$ 元金 $a \times (1+$ 利率 $r)^n$ 円

この式は下のように変形することができる。

元金 $a = b/(1+$ 利率 $r)^n$

これは，利率 r のときに n 年後 b 円を受け取るためには，いま a 円あればよいということを示している。

このような考え方を発展させると，現在の貨幣価値と将来の貨幣価値を比べることが可能になる。すなわち将来価値は，

将来価値 $=$ 現在価値 $\times (1+$ 利率$)^{年数}$

として，現在価値は，

現在価値 $=$ 将来価値$/(1+$ 利率$)^{年数}$

として，定義することができる。

例えば，いま持っている 1 万円と，利率が 0.3% のときの 5 年後の 1 万円の価値を比較してみよう。

現在価値 $= 1/(1.003)^5$

これを計算すると，5 年後の 1 万円の現在価値は，約 9,851 円とわかる。

ここで利率 r は将来価値を現在価値に変換する機能をもつ。利率を使って将来価値から現在価値を導くことを「割り引く」といい，これによって導いた現在価値のことを**割引現在価値**という（このとき r を**割引率**とよぶ）。

割引現在価値という概念は，実際の金融取引において大変重要である。例えば，約束手形は満期まで決済の先延ばしをすることができ，運転資金面において有利であるため商業取引でよく使われるが，手形取引においては，満期前の手形を満期までの利息相当額を割引料として差し引いて銀行で現金化することができる（これを，**手形割引**という）。

4.2 等 比 数 列

数列の初項に，次々に一定の数を掛けてつくられた数列を**等比数列**といい，その一定の値を**公比**という。

例
$1, 2, 4, 8, \cdots$　　　初項 1，　公比 2

$5, -5, 5, -5, \cdots$　　初項 5，　公比 -1

$9, 3, 1, \dfrac{1}{3}, \cdots$　　初項 9，　公比 $\dfrac{1}{3}$

数列 $\{a_k\}$ が等比数列で，公比が r であるときは，

$$a_2 = a_1 r, \quad a_3 = a_2 r, \quad a_4 = a_3 r, \quad \cdots$$

一般に，

$$a_{k+1} = a_k r$$

である。

したがって，この数列の各項が 0 でないときは，$\dfrac{a_{k+1}}{a_k} = r$ で，隣り合う 2 項の比は一定である。このゆえに，等比数列という。

幾何数列ともいわれる。

いま，初項を a，公比を r とすれば，

$$a_1 = a$$
$$a_2 = ar$$
$$a_3 = a_2 r = ar^2$$
$$a_4 = a_3 r = ar^3$$
$$\vdots$$

一般に，$a_k = ar^{k-1}$

である。

したがって，項数が n のときは，

$$末項 = a_n = ar^{n-1}$$

● 等比数列の和

初項 a,公比 r の等比数列の初項から第 n 項までの和 S_n を求めよう。

$$S_n = a + ar + ar^2 + \cdots + ar^{n-1}$$

この両辺に r を乗ずれば,

$$r\,S_n = ar + ar^2 + ar^3 + \cdots + ar^n$$

この二つを引き算すると,途中のところは消えて,

$$(1-r)S_n = a - ar^n = a(1-r^n)$$

したがって,$r \neq 1$ のときは,

$$S_n = a\frac{1-r^n}{1-r} \quad (|r|<1 \text{ のとき})$$
$$= a\frac{r^n-1}{r-1} \quad (|r|>1 \text{ のとき})$$

この式は,$r=-1$ のときはこのまま使えるが,$r=1$ のときは使えない。$r=1$ のときは,

$$S_n = na$$

である。

この式は,

$$1-r^2 = (1-r)(1+r) \quad \text{すなわち,} 1+r = \frac{1-r^2}{1-r}$$
$$1-r^3 = (1-r)(1+r+r^2) \quad \text{すなわち,} 1+r+r^2 = \frac{1-r^3}{1-r}$$

の一般化と見ることができる。

また,$|r|<1$ の場合,n を限りなく大きくしていくと,r^n は限りなく 0 に近づき,その究極の値,すなわち極限値は 0 となる。これを無限等比級数の和といい,S_∞ と書く。

$$S_\infty = \frac{a}{1-r}$$

例
(1) $1 + 2 + 4 + \cdots + 2^{n-1} = \dfrac{2^n - 1}{2 - 1} = 2^n - 1$

(2) $5 - 5 + 5 - 5 + \cdots (-1)^{n-1} 5 = 5 \dfrac{1 - (-1)^n}{1 - (-1)} = \dfrac{5}{2}(1 - (-1)^n)$

(3) $9 + 3 + 1 + \cdots + 3^{-n+3} = 9 \dfrac{1 - \left(\dfrac{1}{3}\right)^n}{1 - \left(\dfrac{1}{3}\right)} = \dfrac{27}{2}\left(1 - \left(\dfrac{1}{3}\right)^n\right)$

ボックス 4.2　信用創造の乗数

　預金に対する中央銀行への預け金の比率を，預金準備率という。現金預金の増加が預金準備率の逆数倍の預金通貨をもたらすプロセスは，**信用創造**とよばれている。準備率の逆数は，**信用創造の乗数**とよばれている。

　いま，預金準備率が 10%であるとして，信用創造のメカニズムを説明しよう。現金が 10 億円だけ増加したとする。これは，さしあたっては，どこかの銀行の預金の増加になるだろう。このとき，銀行は $10 \times 0.1 = 1$ 億円 を中央銀行の預け金に回し残りを貸付に回すだろう。なぜなら，銀行は貸付によって得られる利子をその収入源としているからである。貸し付けられたお金は，どこかの銀行の口座に振り込まれる。その銀行は，9 億円のうち，$9 \times 0.1 = 0.9$ 億円 を中央銀行の預け金に回し，残りの 8.1 億円をさらに貸付に回す。

　このプロセスが，限りなく続けば，各銀行の口座に振り込まれて預金通貨となる金額の総額は，以下のような無限等比級数の和で示される。

$$10 + 9 + 8.1 + \cdots\cdots 10/(1 - 0.9) = 100$$

　すなわち，預金準備率が 10%で，現金通貨が 10 億円増加したときには，預金通貨は準備率の逆数倍だけ，この例では 10 倍の 100 億円だけ，増加する。

（井堀利宏『入門マクロ経済学 第 2 版』新世社より）

□ 年賦償還 □

いま，A 円を借りる。1 年毎の末に x 円ずつ返済して，n 年で完済することとする（均等返済）。

年利率を r とするとき，毎年の返済額はいくらになるか，考えてみよう。

これは，例題 4.1 で述べたことの一般化である。

1 年目の返済が済んだときは，残りは　$A(1+r) - x$
2 年目の返済が済んだときは，残りは　$A(1+r)^2 - x(1+r) - x$
3 年目の返済が済んだときは，残りは
$$A(1+r)^3 - x(1+r)^2 - x(1+r) - x$$
$\vdots$

したがって，n 年後には，

$$A(1+r)^n - x(1+r)^{n-1} - x(1+r)^{n-2} - \cdots - x(1+r) - x$$
$$= A(1+r)^n - x\frac{(1+r)^n - 1}{(1+r) - 1} = A(1+r)^n - x\frac{(1+r)^n - 1}{r}$$

これが，$= 0$ ということであるから，

$$x = \frac{r}{(1+r)^n - 1}(1+r)^n A$$

例題 4.2　年利率が 8 ％（$r = 0.08$）のとき，100 万円を借りて 10 年で均等返済するとする。

このとき，

$$(1+r)^{10} = 1.08^{10} = 2.158925$$

であるから，毎年の返済額は，

$$x = \frac{0.08}{2.158925 - 1} 2.158925 \times 100 = 14.90295$$

すなわち，14 万 9030 円となる（計算は電卓で）。

4.3 対数関数

指数関数の計算のために,重要な道具として,**対数関数**がある。

対数関数は指数関数の逆関数である。その意味は,1.5 節に述べておいたように,例えば,表 4.2 で,

→ の方向に見るときは,$y = 2^x$ の関係

← の方向に見るときは,逆の関係

になる。この逆の関数を

$$y = \log_2 x$$

で表す。そして,これを対数関数という。

一般に,指数関数 $y = a^x$ の逆関数を

$$y = \log_a x$$

と書く。a を,この**対数関数の底**という。

表 4.2	対 数 関 数
−1	0.5
−0.5	0.707
0	1
0.5	1.414
1	2
1.5	2.828
2	4
⋮	⋮

$x \quad \rightarrow \quad 2^x$
$\log_2 x \quad \leftarrow \quad x$

> log とは馴染みにくい記号であるが,ギリシア語 logos(ことば)と arithmetica(算術)を組み合わせて作った logarithm というのを略記したものである。17 世紀はじめ,これが計算の道具として登場して以来,人々はこれを活用して計算を行った。これが近代数学のはじまりともいえる出来事である。現在では,コンピュータの発達によって,計算のための道具としての意味はなくなったが,いろいろな関係の記述に,有効に活用される。

対数関数の主要な性質は,1.5 節の指数法則から得られる。

(1) $\log_a(xy) = \log_a x + \log_a y$

(2) $\log_a(x^y) = y \log_a x$

対数の底としては,普通 10 または後に述べる数 e を用いる。そのようなときは,底を書くのを省略する。

4.3 対数関数

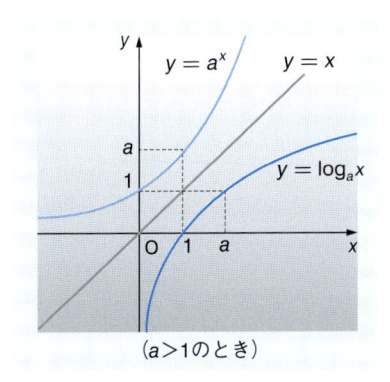

図 4.5 に対数関数のグラフを示す．対数関数のグラフは，指数関数のグラフを，直線 $y = x$ に関して，対称に折り返したものである（図 4.6）．

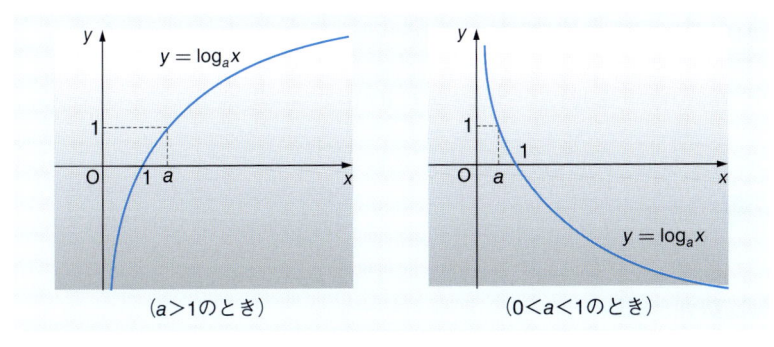

図 4.5 **対数関数のグラフ（1）**

図 4.6 **対数関数のグラフ（2）**

例題 4.3 年利率が 5 ％ のとき，元金を何年据え置けば，元利合計が元金の 2 倍になるか．

解 利率が r，元金 A 円のときの n 年後の元利合計は，$A(1+r)^n$ 円と表せる．

これが，$\geqq 2A$ となる n を求める．　　　　　$A(1+r)^n \geqq 2A$

A を約す。　　　　　　　　　　　$(1+r)^n \geqq 2$

両辺の対数を求める。　　　　　　$n\log(1+r) \geqq \log 2$

$r = 0.05$ である。そして，電卓あるいはコンピュータによって，

$$\log 1.05 = 0.0212, \quad \log 2 = 0.3010 \qquad (底は 10)$$

が得られるから，$n \geqq 14.2$

答　15 年

□ 等比数列と対数 □

いま，数列 $a_1, a_2, \cdots$ は等比数列であるとする。すなわち，

$$a_n = ar^{n-1}$$

この両辺の対数を求めると，

$$\log a_n = \log a + (n-1)\log r = (\log a - \log r) + n\log r$$

したがって，$\log a_n$ は n の 1 次式で表される。そこで，n と $\log a_n$ の関係をグラフで表示すると，直線になる。

例題 4.4　4.1 節にあげた FTTH の普及の数（図 4.3）を考えてみよう。

表 4.3 に，各契約数の 10 を底とする対数を求め，それを図 4.7 のようにグラフに表示した。これによって見ると，この関係はほぼ直線状になっている。このことから，もとの数は，ほぼ等比数列をなしている，ということができる。

4.3 対 数 関 数

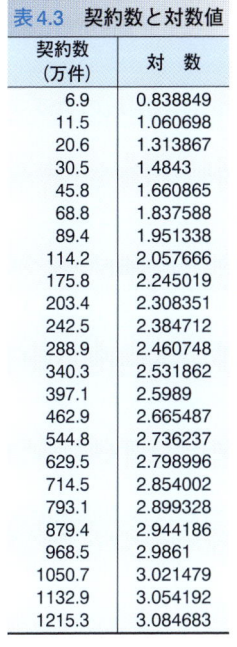

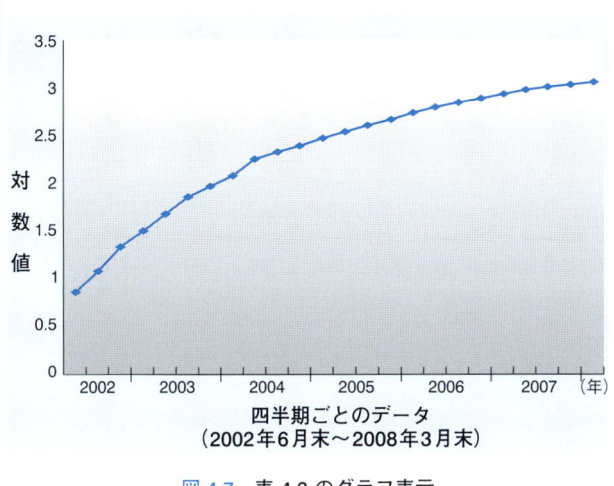

表4.3 契約数と対数値

契約数(万件)	対　数
6.9	0.838849
11.5	1.060698
20.6	1.313867
30.5	1.4843
45.8	1.660865
68.8	1.837588
89.4	1.951338
114.2	2.057666
175.8	2.245019
203.4	2.308351
242.5	2.384712
288.9	2.460748
340.3	2.531862
397.1	2.5989
462.2	2.665487
544.8	2.736237
629.5	2.798996
714.5	2.854002
793.1	2.899328
879.4	2.944186
968.5	2.9861
1050.7	3.021479
1132.9	3.054192
1215.3	3.084683

図 4.7　表 4.3 のグラフ表示
（注）　グラフは 2002 年 6 月末〜2008 年 3 月末の四半期ごとのデータを表す。

　上のような関係を見やすくするために，片対数方眼紙というものが市販されている。

　また，コンピュータの表計算ソフトでは，表 4.3 の左欄を記入し，あとはソフトウェアの指示に従って入力すると，図まで作ってくれる（図 4.7 は，そのようにして作ったものである）。

4.4 指数関数，対数関数の微分法

微分法は，曲線の接線を求めるものであった。そこで，指数関数のグラフの接線を求めることを考えよう。

$y = f(x) = a^x$ について，右のように x に微小変化 Δx を与えて変化の割合

$$\frac{x \quad x+\Delta x}{a^x \quad a^{x+\Delta x} = a^x a^{\Delta x}}$$

$$\frac{f(x+\Delta x) - f(x)}{\Delta x} = \frac{a^{x+\Delta x} - a^x}{\Delta x} = a^x \frac{a^{\Delta x} - 1}{\Delta x}$$

を考える。

まず，$x = 0$ のときの状況，すなわち，曲線が y 軸を切るときの状況を調べよう。

$a = 2$ および 3 のとき，$\Delta x = 0.5$ および -0.5 のときの

$$\frac{2^{\Delta x} - 1}{\Delta x}, \quad \frac{3^{\Delta x} - 1}{\Delta x}$$

の値は表 4.4 のようになる。

そこで，接線の傾きがちょうど 1 になる場合を求めて，2 から 3 の間の接線の傾きを調べると，表 4.5 のようになる。

表 4.4 数値例 (1)

Δx	$2^{\Delta x}$	$\dfrac{2^{\Delta x} - 1}{\Delta x}$
-0.5	$\dfrac{1}{\sqrt{2}} = 0.707\cdots$	$0.586\cdots$
0.5	$\sqrt{2} = 1.414\cdots$	$0.828\cdots$

Δx	$3^{\Delta x}$	$\dfrac{3^{\Delta x} - 1}{\Delta x}$
-0.5	$\dfrac{1}{\sqrt{3}} = 0.577\cdots$	$1.269\cdots$
0.5	$\sqrt{3} = 1.732\cdots$	$1.464\cdots$

表 4.5 数値例 (2)

a	$f'(0)$
2.0	0.6931472
2.1	0.7419373
2.2	0.7884574
⋮	⋮
2.6	0.9555114
2.7	0.9932518
2.8	1.0296194
2.9	1.0647107

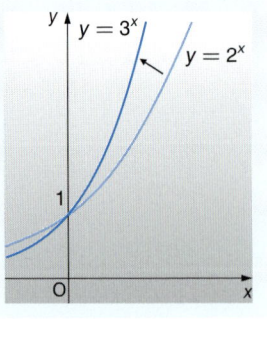

図 4.8 $y = 2^x$ と $y = 3^x$

4.4 指数関数，対数関数の微分法

これによると，2.7 と 2.8 の間に，接線の傾きがちょうど 1 になるような値があることになる。

この値を e で表す。

すなわち，

$\dfrac{e^{\Delta x} - 1}{\Delta x}$ の $\Delta x \to 0$ のときの極限値が 1

ということである。

$$e = 2.71828\cdots$$

e はこのような不思議な値をもった数であるが，これは数学のいたるところで使われ，$0, 1$ と並んで，最も基礎になる数である。これがどのような数であるかというもう少し詳しい説明を，章末［付記］に述べた。

□ 指数関数の微分法 □

右のように x に微小変化 Δx を与えて $y = a^x$ の変化 Δy を考えると，

x	$x + \Delta x$
a^x	$a^{x+\Delta x} = a^x a^{\Delta x}$

$$\begin{aligned}\Delta y &= a^{x+\Delta x} - a^x = a^x a^{\Delta x} - a^x \\ &= a^x(a^{\Delta x} - 1)\end{aligned}$$

したがって，

$$\frac{\Delta y}{\Delta x} = a^x \frac{a^{\Delta x} - 1}{\Delta x}$$

となる。

$\dfrac{a^{\Delta x} - 1}{\Delta x}$ で $\Delta x \to 0$ としたときの極限値が，a^x の $x = 0$ における微分係数である。そして，この値がわかると，任意の x については，それに a^x を乗ずればよいことを上の式は示している。

e は，$\dfrac{e^{\Delta x} - 1}{\Delta x}$ で $\Delta x \to 0$ としたときの極限値が 1 であるような値であるから，e^x の場合の導関数は最も簡単で，

$$\frac{d}{dx}e^x = e^x$$

あるいは，

$$y = e^x \quad \text{とするとき}, \quad y' = y$$

これが，e が重要な数である最も基本的な意味である。

$y = e^{\alpha x}$ を微分すると，$y' = \alpha e^{\alpha x} = \alpha y$

一般の a^x を微分するときは，α を e を底とする a の対数，すなわち $\alpha = \log a$ とすれば，$a^x = (e^{\log a})^x = e^{\alpha x}$ であるから，その導関数は，次のように求められる。

$$(a^x)' = \alpha e^{\alpha x} = (\log a)\, a^x$$

あるいは，これを $y' = \alpha y$ と書くこともできる。

これを逆に見るならば，

$$y' = \alpha y$$

を満たす関数が，

$$y = a^x, \quad a = e^{\alpha}$$

である，ということができる。

☐ 対数関数の微分法 ☐

$y = \log x$ とする。以後，対数関数は，つねに e を底とするものとする（とくに，ことわらない限り）。

このとき，$e^y = x$　この両辺を x について微分すると，

$$e^y \cdot y' = 1 \quad \text{すなわち}, \quad xy' = 1$$

これから，

$$y = \log x \quad \text{とするとき}, \quad y' = \frac{1}{x}$$

□ 対数微分法 □

$y = f(x)$ という関数を微分するとき,両辺の対数を求め,それを微分するという方式が用いられることがある。すなわち,

$$\log y = \log f(x)$$

から,両辺を微分すると,次のようになる。

$$\frac{y'}{y} = \frac{f'(x)}{f(x)}$$

これを**対数微分法**という。これは,$f(x)$ が積の形のとき,あるいは対数をとると簡単なものになるときに,威力がある。

例題 4.5 国民所得は就業人口に比例すると考えられる。この場合の比例定数が労働生産性である。これらは,年が経てば変化するものであるから,時間の関数になる。これを確かめよ。

　　国民所得 $\cdots Y(t)$,　就業人口 $\cdots N(t)$,　労働生産性 $\cdots P(t)$

とすると,

$$Y(t) = P(t)N(t)$$

両辺の対数を求めると,　$\log Y(t) = \log P(t) + \log N(t)$

これを微分すると,

$$\frac{Y'(t)}{Y(t)} = \frac{P'(t)}{P(t)} + \frac{N'(t)}{N(t)}$$

これは,国民所得の成長率,すなわち経済成長率が,就業人口増減率と,労働生産性の上昇率の和になることを意味している。

例題 4.6 2.3節で述べた x^α の微分法について考えよう。

$y = x^\alpha$ とすれば,$\log y = \alpha \cdot \log x$ であるから,これを微分すると,

$$\frac{y'}{y} = \alpha \frac{1}{x}$$

したがって,$y' = \alpha \dfrac{1}{x} x^\alpha = \alpha x^{\alpha-1}$

4.5 増殖の問題

4.1 節にあげた病原性大腸菌 O157 の増殖の例では，30 分に 1 回ずつ，1 個が 2 個になり，2 個が 4 個になり，という分裂を繰り返すとした。これを n 回続けたときの個数を y とすると，

$$y = 2^n$$

となる。これは，$y = 2^x$ という関数の，n がとびとびの値 $n = 1, 2, 3, \cdots$ をとっていったときの値である。

さて，ところで，この場合には，細菌は，必ず二つに分裂していくとして計算した。しかし，シャーレの中で培養した細菌は，コロニーを作って，ある程度以上は増殖できない限界がある。そのような限界のある事象を考えてみよう。

いま，ある時点 x での量が y であったとすると，そのときの増殖の割合は y に比例しているものと考えることができる。

$$y' = \alpha y$$

この関係から得られる関数が，

$$y = a^x, \quad a = e^\alpha$$

である。この場合，y はいくらでも大きくなっていく。

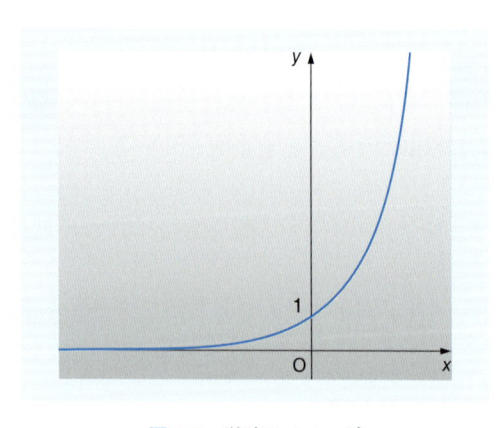

図 4.9 増殖のイメージ

(1) 飽和状態がある場合

例えば，ある地域での農作物の生産は，新しく作付けを広げたりして増産していったとしても，それ以上は生産できない，という事態に追い込まれるであろう。

いま，生産量を y とし，これ以上は生産できないという飽和の生産量を s とする。このとき，生産の増加の速度は，飽和の量に近づいていくにしたがって鈍っていく。いま，その速度が，飽和の状態との差に比例して，落ちていくとしよう。そうすると，

$$y' = A(s-y)$$

という式ができる。

この微分関係式を満たす y は，

$$y = s - Ce^{-Ax}$$

で与えられる（両辺を微分してみよ）。

C は，$x = 0$ のときの $s - y$ の値である。

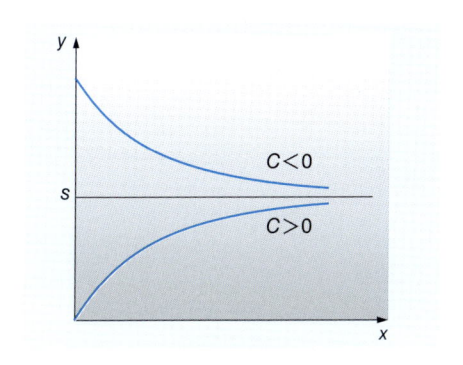

図 4.10　飽和状態のある場合

上にあげた農作物の例のように，最初出発時に $y < s$ の場合には $C > 0$ で，図 4.10 の下側の曲線があてはまる。

上側の曲線は，例えば熱湯を空中に放置した場合のように，最初の温度が s より高く，徐々に冷却していく状態である。これは**ニュートンの冷却の法則**とよばれている。

(2) はじめは自由な増殖をし，それに抑制因子がかかる場合

上の，細菌がコロニーをつくる場合には，はじめは指数関数的な勢いで増えていくが，ある限界があって，それ以上には，増えない．すなわち，自由に増殖するのでなく，抑制因子がかかる．いま，その抑制因子は，飽和の状態の大きさを s として，$s-y$ に比例すると考えてみよう．すなわち，増殖の様式が

$$y' = A(s-y)y$$

というものであるとする．

この微分関係式を満たす y は，

$$y = \frac{sa^x}{a^x + c} = \frac{s}{1 + ca^{-x}}, \quad a = e^A$$

という形になる（両辺を微分してみよ）．

この関数のグラフは，図 4.11 に示した形で，これは **S 型曲線**，または**ロジスティック曲線**とよばれる．

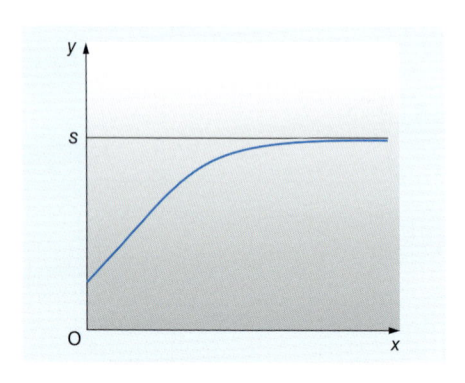

図 4.11 はじめは自由な増殖をし，それに抑制因子がかかる場合

このモデルは，人口問題の研究で最初に導入されたもので，集団全体の大きさに制約があるときに，よく適用される．

噂の広がりなどにもこのモデルは応用できる．

4.6 正規分布曲線

e が,最も普通によく登場するのは,統計と関連してである。統計では,図 4.12 の形の曲線が,基本的なものである。

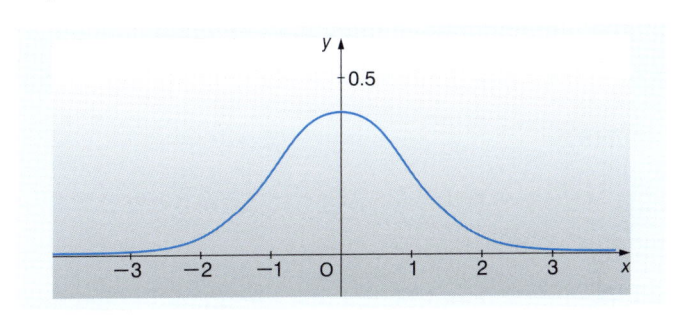

図 4.12　$m=0, \sigma=1$ のときの図

数学的にこれを扱う場合には,この曲線は,

$$y = \frac{1}{\sqrt{2\pi}\,\sigma} e^{-\frac{(x-m)^2}{2\sigma^2}}$$

という式で書かれる。これを正規分布曲線という。

とくに,$m=0$, $\sigma=1$ の場合,

$$y = \frac{1}{\sqrt{2\pi}} e^{-\frac{x^2}{2}}$$

を標準正規分布曲線という。一般の場合は,これを横に σ 倍,縦に $\dfrac{1}{\sigma}$ 倍し,横に m だけずらしたもので,このとき,

　　m を平均,　σ を標準偏差

という。

統計的データにおいて,偏差値というのは,

　　$m=50$, $\sigma=10$

となるように変換して,この値をもつ正規分布曲線と対比させるようにしたものである。

付記　e について

数学で現れるいろいろな数のうち，0, 1 の意味は明らかである。

0 は，a がどんな数であっても $a+0=a$ を満たす数であり，また 1 は，$a \times 1 = a$ を満たす数である。

その他の数は，派生的に生じたものであり，どれもとくに重要という意味をもたない。しかし，数学で，基本的に重要な意味をもつ e という数がある。

$$e = 2.71828\cdots$$

であり，これがどういう意味のものか直ちには理解されないであろう。以下にその意味について多少の説明をしよう。

e のほかには，円周率 $\pi = 3.14159\cdots$ も，いろいろな計算に伴って登場するが，これについては，あえて述べるまでもないであろう。

e の性質は，4.4 節で述べたように，$\dfrac{e^{\Delta x} - 1}{\Delta x}$ で，$\Delta x \to 0$ としたときの極限値が 1 であることである。

いま，$\Delta x = 0.1$ としてみると，$\dfrac{e^{0.1} - 1}{0.1} \fallingdotseq 1$ ということであるから，

$$e^{0.1} \fallingdotseq 1 + 0.1 \quad \text{すなわち，} \quad e \fallingdotseq (1 + 0.1)^{10}$$

$0.1 = \dfrac{1}{10}$ であるから，0.1 の代わりに $\dfrac{1}{n}$ を使うと，

$$e \fallingdotseq \left(1 + \frac{1}{n}\right)^n$$

となる。ここで，n を大きくしていったときの極限値を考えればよい。

このことは，また次のようにとらえることもできる。すなわち，$\left(1 + \dfrac{1}{10}\right)^{10}$ というのは，1 期間を 10 等分し，そこに利率 $\dfrac{1}{10}$ での複利を考える，ということである。ここでこの期間をさらに 100 等分し，そこに利率 $\dfrac{1}{100}$ での複利を考え，…としていって，ついに「瞬間的」複利を考える。このようにしたら，そのとき，最終的元利合計はいくらになるか。その値が e だというのである。

4.6　正規分布曲線

さて，2.6 節の 2 項定理によって，

$$\left(1+\frac{1}{n}\right)^n = 1 + n\frac{1}{n} + \frac{n(n-1)}{2!}\frac{1}{n^2} + \frac{n(n-1)(n-2)}{3!}\frac{1}{n^3} + \cdots$$
$$+ \frac{n(n-1)(n-2)\cdots(n-k+1)}{k!}\frac{1}{n^k} + \cdots$$
$$= 1 + 1 + \frac{1}{2!}\left(1-\frac{1}{n}\right) + \frac{1}{3!}\left(1-\frac{1}{n}\right)\left(1-\frac{2}{n}\right) + \cdots$$
$$+ \frac{1}{k!}\left(1-\frac{1}{n}\right)\left(1-\frac{2}{n}\right)\cdots\left(1-\frac{k-1}{n}\right) + \cdots$$

となる。この各項で n を限りなく大きくしていくと，$\left(1+\frac{1}{n}\right)^n$ の極限値 e は，

$$e = 1 + 1 + \frac{1}{2!} + \frac{1}{3!} + \cdots + \frac{1}{k!} + \cdots$$

となることになる。これを用いると，e の値を計算することができる。

1		1	⓪
1÷1!		1	①
1÷2!	=①÷2	0.5	②
1÷3!	=②÷3	0.16667	③
1÷4!	=③÷4	0.04167	④
1÷5!	=④÷5	0.00833	⑤
1÷6!	=⑤÷6	0.00139	⑥
1÷7!	=⑥÷7	0.00020	⑦
1÷8!	=⑦÷8	0.00002	⑧
		2.71828	

実は，指数関数 e^x の値も

$$e^x = 1 + x + \frac{1}{2!}x^2 + \frac{1}{3!}x^3 + \cdots + \frac{1}{k!}x^k + \cdots$$

として計算されるのである（詳細は省略する）。

練習問題

1 次の等比数列の和を求めよ。
(1)　$3, -6, 12, \cdots$　項数 10
(2)　初項 81, 公比 $\dfrac{1}{3}$, 項数 6
(3)　初項 12, 公比 $\dfrac{1}{2}$, 末項 $\dfrac{3}{16}$

2 あるパソコン販売店から価格 a 円でパソコンを購入する。12 カ月の月賦とし，購入時に 24,000 円，以後 1 カ月毎に 20,000 円ずつ 12 カ月の支払いとする。このパソコンの原価はいくらであったか。ただし，利率は月 1 分とする。

3 現在，30 万円の負債のある人が，1 年半後からはじめて半年毎に同額ずつ返済し，いまから 4 年後に返済し終わるようにしたい。いくらずつ返済すればよいか。ただし，半年ごと，利率 5 分の複利計算とする。

4 元金 100 万円を年利率 2% で 1 年ごとの複利で預けるとき，元利合計がはじめて 150 万円以上になるのは，何年後か。

5 100g の食塩水がある。これから 20g をとり，そのかわりに水 20g を加える。この操作を何回行えば，はじめの濃度の 20% 以下とすることができるか。

6 次の関数を微分せよ。
(1)　$y = e^{kx} + e^{-kx}$　　　　(2)　$y = e^{-x^2}$
(3)　$y = \log(x^2 + 1)$　　　　(4)　$y = \log(x + \sqrt{x^2 + 1})$

7 関数 $y = \sqrt{x^2 + 1}$ を微分するとき，通常の微分法（第 2 章で述べた方法）と，対数をとって微分する方法との二つの方法で行い，比較せよ。

多変数問題

　経済問題では，単一の財でなく，いくつかの財の組み合わせで行動が決定される．財の価格，消費量，その他は，その行動を決定するための要因である．ここに必然的に，多くの変数の関数を取り扱う必要が生ずる．

　変数の数が多いと，紙面の上に図を描いて分析するという手段がとれないため，理解が難しくなる．2変数の場合には，図での取り扱いができるので，そのような分析の直感的理解を得るために，この章では，2変数の場合を主に取り上げて，問題の扱い方を考えていく．

　しかし，そこで得た方法は，そのまま変数の数が多い場合にもあてはめることができる．

　1変数の場合と同様の式を書いても，多変数となると，式の形が複雑に見えてしまうので，むずかしい感じがするであろう．しかし，1変数の場合と同様のことをやっているのだ，という意識をもってやってほしいものである．

　中心になる課題は，やはり最大最小問題である．

　本章の最後に，経済学で出てくる多変数関数の例として，生産関数，効用関数に触れた．

5.1　2変数の関数

いま，二つの変数 x, y の関数 $z = f(x, y)$ を考える。このとき，この関数のグラフは，3 次元 xyz 空間内の曲面として描かれる。

1 変数のときは，$y = x^2$ のグラフを基本に考えた。いまの場合も，右辺が 2 次式の

$$z = x^2 + y^2, \quad z = -x^2 - y^2, \quad z = x^2 - y^2$$

がもとに考えられる。右辺が 2 次式というと，このほかにもいろいろ考えられるところであろうが，実は，これだけで十分なのである。例えば，$z = xy$ は，$xy = \dfrac{1}{4}\{(x+y)^2 - (x-y)^2\}$ となるので，上の第三の型に帰してしまう（図 5.1〜図 5.3）。

第一の型では原点で最小，第二の型では原点で最大，第三の型では原点では最大でも最小でもない。第三の型のとき，原点を鞍点（あんてん）という。

第一，第二の型では，z 軸に垂直に切ると円（楕円）が現れる。また，z 軸に平行に切ると放物線が現れる。それでこれを楕円放物面という。

第三の型では，z 軸に垂直に切ると双曲線が現れる。また，z 軸に平行に切ると放物線が現れる。それでこれを双曲放物面という。図 5.4 に，図 5.3 の双曲放物面を z 軸に垂直に切った切り口の曲線（等高線）を描いた。この曲面では，原点にある方向から近づくと最小となり，ある方向から近づくと最大になる。このような点が鞍点とよばれるものである。

図 5.1 $z = x^2 + y^2$

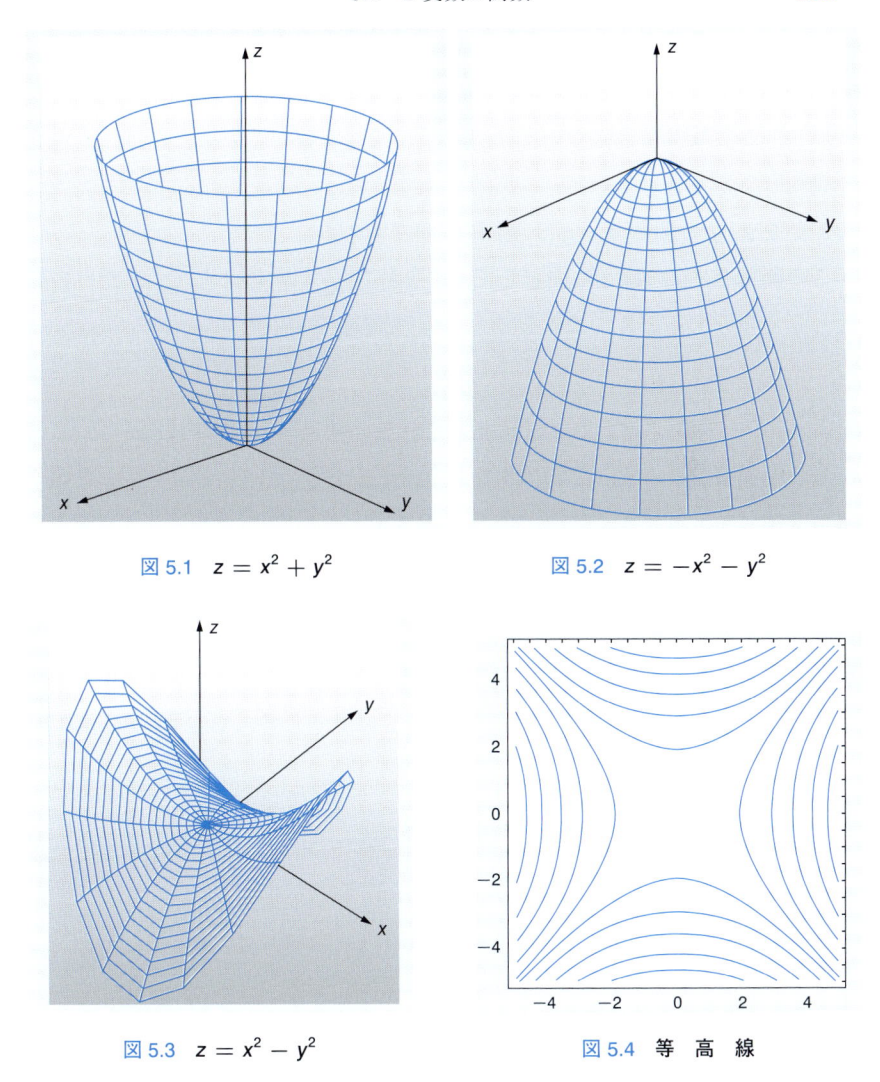

図 5.2 $z = -x^2 - y^2$

図 5.3 $z = x^2 - y^2$

図 5.4 等 高 線

　図 5.1, 図 5.2 では，z 軸に垂直に切ると円（楕円）が現れる．また，z 軸に平行に切ると放物線が現れる．それでこれを楕円放物面という．

　図 5.3 では，z 軸に垂直に切ると双曲線が現れる．また，z 軸に平行に切ると放物線が現れる．それでこれを双曲放物面という．図 5.4 に，z 軸に垂直に切った切り口の曲線（等高線）を描いた．この曲面では，原点にある方向から近づくと最小となり，ある方向から近づくと最大になる．このような点は鞍点とよばれる．

5.2 偏微分

以下，2変数の場合について述べるが，変数の数が多い場合には，これを一般化して考えればよい。

2変数 x, y の関数 $z = f(x, y)$ について考える。

この関数を，y のほうは固定して，すなわち $y = $ 一定 として，x だけの関数として微分するとき，これを x について**偏微分**するといい，

$$z_x = f_x(x, y)$$

のように，x を添え字として付けて書く。この結果得られた関数を，x についての**偏導関数**という。これはすなわち，$y = $ 一定 という平面で切った切り口の曲線における接線の傾きである（図 5.5）。

同様に，x を固定して，y だけの関数として微分して，y に関する偏導関数

$$z_y = f_y(x, y)$$

が得られる。

さらに，これらを x あるいは y について偏微分して，第2階の偏導関数

$$z_{xx}, \ z_{xy}, \ z_{yx}, \ z_{yy}$$

が得られる。

一般に，

$$z_{xy} = z_{yx}$$

が証明されている。

例題 5.1 関数
$$z = ax^2 + bxy + cy^2$$
では，どのようになるか。

$z_x = 2ax + by, \quad z_y = bx + 2cy$
$z_{xx} = 2a, \quad z_{xy} = b$
$z_{yx} = b, \quad z_{yy} = 2c$

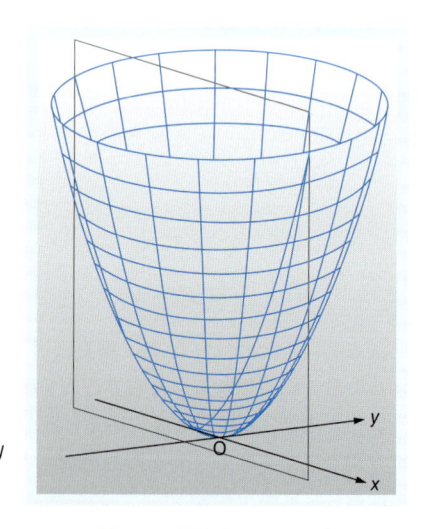

図 5.5 偏微分のイメージ

5.3 接平面

1 変数の関数のとき,微分係数は,接線の傾きを示すものであった。多変数の関数のとき,同様の解釈をしてみよう。

$z = f(x, y)$ は,3 次元 xyz 空間内で,一つの曲面を表す。このとき,この曲面上の 1 点 $\mathrm{P}(x_0, y_0, z_0)$ を通り,この曲面を y 軸に平行な平面 $y = y_0$ で切ったとき,切った平面の上にできる曲線を xz 平面上に投影すると,

$$z = f(x, y_0)$$

という曲線になる。この曲線の,点 (x_0, z_0) における接線の傾き,すなわち微分係数が,$f_x(x_0, y_0)$ である。そうすると,もとにもどってみれば,この直線に平行で点 $\mathrm{P}(x_0, y_0, z_0)$ を通る直線が,曲面 $z = f(x, y)$ の平面 $y = y_0$ による切り口の曲線の接線であることになる。

この直線は

$$\left. \begin{array}{l} y = y_0, \\ z = f_x(x_0, y_0)(x - x_0) + z_0 \end{array} \right\} \tag{1}$$

となる。

同様に,曲面 $z = f(x, y)$ を平面 $x = x_0$ で切った切り口の曲線の接線は,

$$\left. \begin{array}{l} x = x_0, \\ z = f_y(x_0, y_0)(y - y_0) + z_0 \end{array} \right\} \tag{2}$$

となる。

そこで,

$$z = f_x(x_0, y_0)(x - x_0) + f_y(x_0, y_0)(y - y_0) + z_0 \tag{3}$$

という関数を考えよう。右辺は x, y の 1 次式である。平面上で 1 次式が直線を表していたのと同様に,空間内では,x, y の 1 次式は平面を表す。

ここで,この平面と平面 $y = y_0$ との交わりを考えると,$y - y_0 = 0$ であるから,それは (1) と同じことになる。すなわち,直線 (1) は,平面 (3) と

平面 $y = y_0$ が交わってできた直線であり，したがって直線 (1) は平面 (3) の上にある。同様に，直線 (2) も平面 (3) の上にある

ここでは，曲面 $z = f(x, y)$ の，平面 $x = x_0$ および平面 $y = y_0$ による切り口の曲線について見たが，実は，点 $\mathrm{P}(x_0, y_0, z_0)$ を通るどのような平面で切っても，切り口の曲線の接線が，平面 (3) の上にあることが示される。

平面 (3) を，曲面 $z = f(x, y)$ の点 $\mathrm{P}(x_0, y_0, z_0)$ における接平面という（図 5.6）。

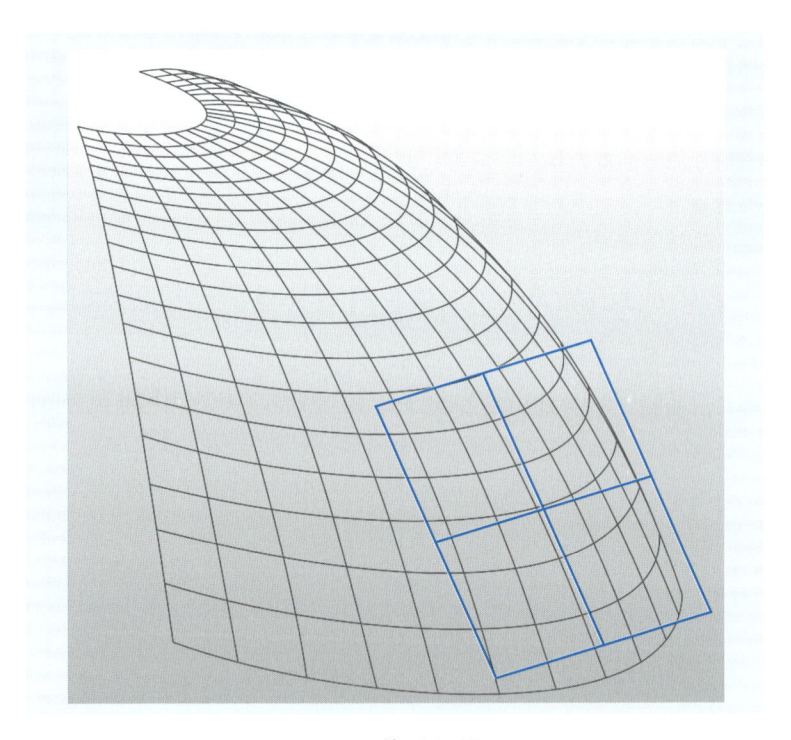

図 5.6　接 平 面

5.4 全微分

平面上で，$y = f(x)$ に対して，

$$\frac{dy}{dx} = f'(x) \tag{1}$$

と書いたのであったが，これは，

$$dy = f'(x)dx \tag{2}$$

と書くこともできる。このように書いた式の意味は，x に微小変化 dx を与えたとき，それに伴う y の変化 dy が (2) のように与えられるということである。

2 変数の関数 $z = f(x,y)$ においても，

$$dz = f_x(x,y)dx + f_y(x,y)dy \tag{3}$$

という式を考える。これは，(2) と同様に，x, y にそれぞれ微小変化 dx, dy を与えたときに，それに伴う z の変化を与えるものである。

(3) を，$z = f(x,y)$ の全微分という。

このものの意味は，上に述べたように，x, y にそれぞれ微小変化 dx, dy を与えたときの z の変化を与えるものであると共に，また，$y = f(x)$ に対して (2) から接線の式

$$y = f'(x_0)(x - x_0) + y_0$$

が導かれたのと同様，(3) から 5.3 節の接平面の式 (3)，すなわち

$$z = f_x(x_0,y_0)(x - x_0) + f_y(x_0,y_0)(y - y_0) + z_0$$

が導かれることである。

☐ 陰関数の微分 ☐

2.4 節において，$x^2+y^2=1$ から $\dfrac{dy}{dx}$ を求めるのに，y を x の関数として $x^2+y^2=1$ の両辺を微分すると，

$$2x + 2y\frac{dy}{dx} = 0$$

を得て，これから，

$$\frac{dy}{dx} = -\frac{x}{y}$$

として求めた。

この場合，y は，$y=f(x)$ という形には書かれていなかった。$x^2+y^2=1$ という式によって間接的に，x の関数として定められていたのである。このような関数の定義の仕方を，関数の陰関数表示という。

いま，上式の左辺の関数 $z=x^2+y^2$ を考え，この関数の全微分

$$dz = 2x\,dx + 2y\,dy$$

をつくる。ここで $z=$ 一定 $(=1)$ とすると，$dz=0$ であるから，

$$2x\,dx + 2y\,dy = 0$$

となり，これから，

$$\frac{dy}{dx} = -\frac{x}{y}$$

が得られることになる。

一般に，関数 $z=f(x,y)$ において，全微分の式

$$dz = f_x(x,y)dx + f_y(x,y)dy$$

から，$z=$ 一定 $(=k)$ のときは $dz=0$ であるから，

$$f_x(x,y)dx + f_y(x,y)dy = 0$$

となり，

$$\frac{dy}{dx} = -\frac{f_x}{f_y}$$

が得られる。

5.4 全微分

陰関数表示

$$f(x,y) = k$$

は，上で，$x^2+y^2=1$ が平面上で一つの曲線（円）を表していたように，平面上で一つの曲線を表し，この曲線の接線の傾きである導関数の値が上の方法で求められるのである。

問 5.1 $f(x,y) = x^2y^3$ のとき，曲線 $f(x,y)=k$ 上で y を x の関数として，導関数を求めよ（図 5.7，図 5.8）。

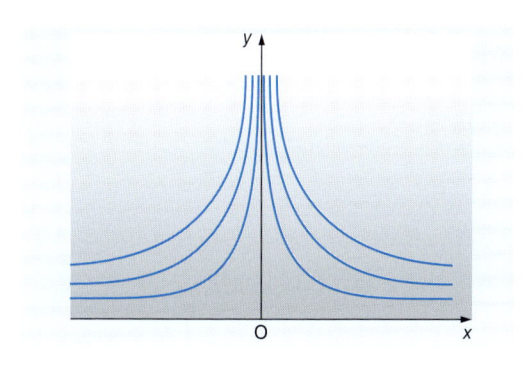

図 5.7　$x^2y^3 = k\ (k>0)$

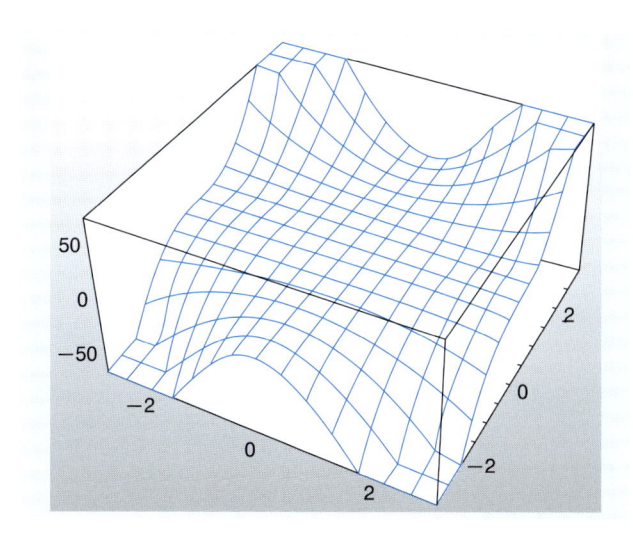

図 5.8　$z = x^2y^3$

5.5 極大・極小,ヘッシアン

　経済関係で,いろいろな財が投入された結果,消費者が得る満足度（効用）を表す関数が,効用関数である。効用関数が最大になるように,というのが,われわれの行動を決定づける。すなわち,最大最小問題である。そこで,2変数関数の場合の最大最小問題を考えてみよう。

　図 5.9 で見るように,関数 $z = f(x, y)$ の場合,これがある点 $\mathrm{P}(x_0, y_0, z_0)$ の近くで,点 P において最大,または最小となっているときは,P における接平面は xy 平面に平行になっている。すなわち,接平面は $z = z_0$ である。したがって,接平面の式,5.3 節の (3) と比較してみれば,

$$f_x(x_0, y_0) = 0, \quad f_y(x_0, y_0) = 0 \tag{1}$$

である。

　しかし,この条件は,図 5.9 第三第四の鞍点の場合にも成り立っている。そこで,この場合を区別する方法を考えなければならない。

　1 変数の場合,3.4 節で見たように,関数 $y = f(x)$ がある点 $x = x_0$ で $f'(x_0) = 0$ を満たしているときは,この関数は,この点の近くでは,

$$y = \frac{1}{2} f''(x_0)(x - x_0)^2 + y_0$$

とだいたい同じことになるのであった。

　関数 $z = f(x, y)$ の場合も,これと同様に,(1) が満たされる点 $\mathrm{P}(x_0, y_0, z_0)$ の近くでは,関数は,

$$\begin{aligned} z = \frac{1}{2} \big\{ &f_{xx}(x_0, y_0)(x - x_0)^2 + 2 f_{xy}(x_0, y_0)(x - x_0)(y - y_0) \\ &+ f_{yy}(x_0, y_0)(y - y_0)^2 \big\} + z_0 \end{aligned} \tag{2}$$

と同じようなものになる。

5.5 極大・極小,ヘッシアン

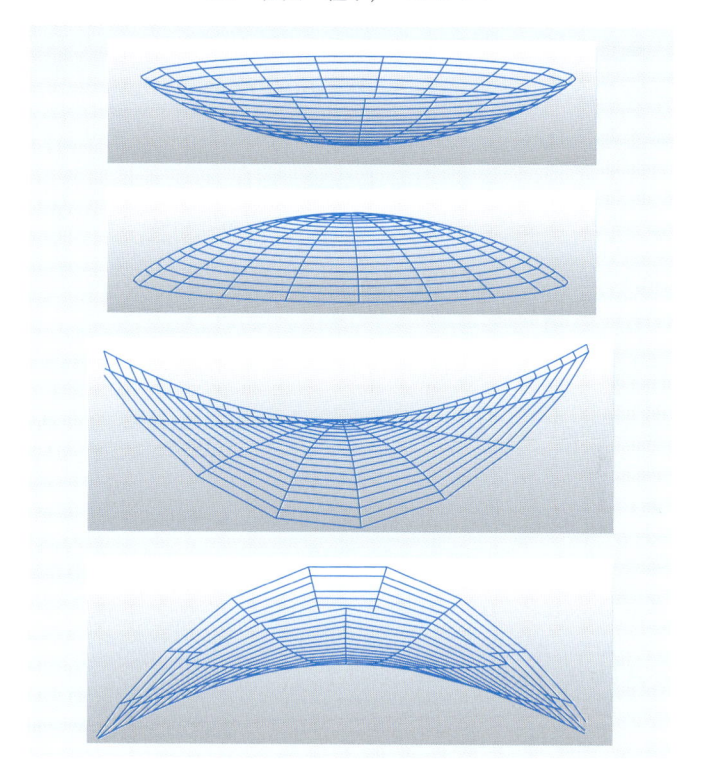

図 5.9 極小・極大の点と鞍点

そこで,いま,x, y の 2 次関数

$$z = Ax^2 + 2Bxy + Cy^2 \tag{3}$$

の最大最小問題を考えてみよう。

(3) の右辺の 2 次式は,

$$Ax^2 + 2Bxy + Cy^2 = A\left(x + \frac{B}{A}y\right)^2 + \frac{AC - B^2}{A}y^2.$$

と変形される。

$A > 0$ のとき。$AC - B^2 > 0$ ならば，この右辺はつねに $\geqq 0$ であるから，$x = 0, y = 0$ で $z = 0$ となって，これが，z の最小値になる。

$A > 0$ のとき。$AC - B^2 < 0$ ならば，この曲面は $y = 0$ という平面での切り口では，$z = Ax^2$ という下に凸の放物線となり，$x = 0, y = 0$ が最小値を与えている。また，$x + \dfrac{B}{A}y = 0$ という平面での切り口では，$z = \dfrac{AC - B^2}{A}y^2$ という上に凸の放物線となり，$x = 0, y = 0$ は最大値を与える。このことにより，$x = 0, y = 0, z = 0$ は，この曲面の鞍点になっている。そして，z は，最大にも最小にもならない。

$A < 0$ のとき。$AC - B^2 > 0$ ならば，この式は，$x = 0, y = 0$ で最大になる。

$A < 0$ のとき。$AC - B^2 < 0$ ならば，$x = 0, y = 0, z = 0$ は，この曲面の鞍点になっている。そして，z は，最大にも最小にもならない。

上記の考察で，$AC - B^2 = 0$ ならば，(3) は，

$$z = A\left(x + \frac{B}{A}y\right)^2$$

となり，これは，実質，1 変数の問題となって，考察の対象から除外される。

また，$A = 0$ の場合は，$C \neq 0$ ならば，A の代わりに C を使って考えれば，同じような解析ができる。

$A = 0, C = 0$ の場合には，(3) は，

$$z = 2Bxy$$

となり，$xy = \dfrac{1}{4}\{(x+y)^2 - (x-y)^2\}$ であるから，これは，鞍点の場合になる。そして，$AC - B^2 = -B^2 < 0$ である。

以上によって，(3) の最大最小問題は，次のように判定されることがわかった。

$\quad AC - B^2 > 0$ ならば，　(3) は，$x = 0, y = 0$ で最大または最小となる。

$\quad AC - B^2 < 0$ ならば，　(3) は，$x = 0, y = 0$ で最大，最小を与えない。

5.5 極大・極小,ヘッシアン

ここで,はじめの問題に戻って考えると,
関数 $z = f(x, y)$ において,点 $\mathrm{P}(x_0, y_0, z_0)$ が
$$f_x(x_0, y_0) = 0, \quad f_y(x_0, y_0) = 0$$
を満たしているとき,
$$f_{xx}(x_0, y_0) f_{yy}(x_0, y_0) - f_{xy}(x_0, y_0)^2 > 0$$
ならば,この点は極大または極小を与える。
$$f_{xx}(x_0, y_0) f_{yy}(x_0, y_0) - f_{xy}(x_0, y_0)^2 < 0$$
ならば,この点で極大でも極小でもない。

このように,2 変数の最大最小問題では,
$$f_{xx}(x_0, y_0) f_{yy}(x_0, y_0) - f_{xy}(x_0, y_0)^2$$
が,重要な式である。これを,この関数の点 (x_0, y_0) における**ヘッシアン**という。

変数が 2 個だけでなく,もっと沢山,$x, y, u, \cdots$ とあるときは,議論される内容は同じであるが,このときは(原点 $x = 0, y = 0, u = 0, v = 0, \cdots$ で考えて,そして $f_{xx}, \cdots$ は,原点での値として),
$$\begin{aligned} & f_{xx} x^2 + f_{yy} y^2 + f_{uu} u^2 + \cdots \\ & \quad + 2 f_{xy} xy + 2 f_{xu} xu + \cdots \\ & \qquad + 2 f_{yu} yu + \cdots \\ & \qquad \quad + \cdots \end{aligned}$$
という 2 次式が,$x, y, u, \cdots$ の値にかかわらず,原点を除いてつねに > 0,あるいはつねに < 0 であるかどうかが問題になる。このとき,同様にヘッシアンが定義されるが,これには行列の概念が必要となるので省略する。

5.6 条件付き極大・極小

いま，例えば，$x > 0, y > 0$ で，
$x^2 + y^2 = 2$ のとき， xy の最大値を求めよ。
という問題を考えてみよう。

$xy = k$ という曲線を，k のいろいろな値について描いてみると，図 5.10 のようになる。

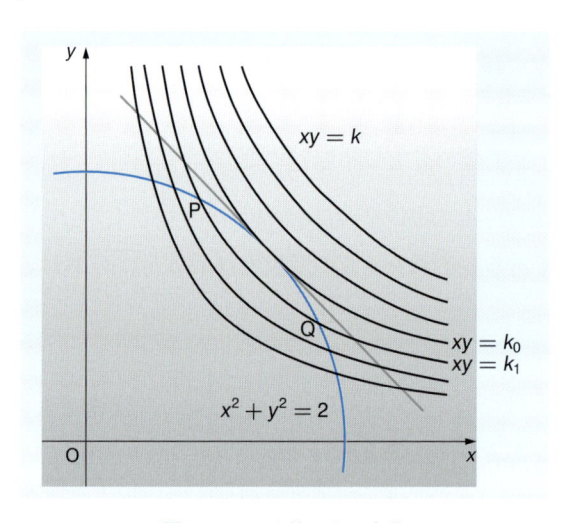

図 5.10　k の値による変化

$xy = k$ が $x^2 + y^2 = 2$ と交わらないときは，$x^2 + y^2 = 2$ の上では，xy は，k という値をとらないことを意味している。

$xy = k$ が $x^2 + y^2 = 2$ にちょうど接する $k = k_0$ のところからはじめて，$xy = k$ が $x^2 + y^2 = 2$ と 2 点 P, Q で交わる $k = k_1$ のところまでの間では，k は，k_0 と k_1 の間のどの値もとれる。そして，その間では，k の値は k_0 が最大ということになる。

したがって，$xy = k$ が $x^2 + y^2 = 2$ にちょうど接するときの k の値 k_0 が求める最大値であることになる。

5.6 条件付き極大・極小

具体例では,かえってわかりにくいので,上記を例として,一般的な形で述べることとする。

いま,$g(x,y) = 0$ という条件のもとで,関数 $f(x,y)$ の最大値最小値を求める,という問題を考えよう。これには,上の例で見たように,曲線 $f(x,y) = k_0$ が,曲線 $g(x,y) = 0$ に接するように,k_0 の値を定めればよいのである。

いま,この二つの曲線が,点 $\mathrm{P}_0(x_0, y_0)$ で接していたとする。そうすると,P_0 における両曲線への接線は一致する。したがって,その傾き,すなわち微分係数は相等しい。

$g(x,y) = 0$ に対しては,$g_x(x_0,y_0) + g_y(x_0,y_0)\dfrac{dy}{dx} = 0$ から,

$$\frac{dy}{dx} = -\frac{g_x(x_0,y_0)}{g_y(x_0,y_0)} \tag{1}$$

$f(x,y) = k_0$ に対しては,$f_x(x_0,y_0) + f_y(x_0,y_0)\dfrac{dy}{dx} = 0$ から,

$$\frac{dy}{dx} = -\frac{f_x(x_0,y_0)}{f_y(x_0,y_0)} \tag{2}$$

この二つが等しいから,

$$\frac{g_x(x_0,y_0)}{g_y(x_0,y_0)} = \frac{f_x(x_0,y_0)}{f_y(x_0,y_0)}$$

したがって,

$$\frac{f_x(x_0,y_0)}{g_x(x_0,y_0)} = \frac{f_y(x_0,y_0)}{g_y(x_0,y_0)}$$

この等しい値を λ_0 とおくと,λ_0 は,

$$\begin{cases} f_x(x_0,y_0) - \lambda_0 g_x(x_0,y_0) = 0 \\ f_y(x_0,y_0) - \lambda_0 g_y(x_0,y_0) = 0 \end{cases} \tag{3}$$

を満たしている。

λ はギリシア文字で,ラムダとよむ。

このプロセスを逆に考える。

いま，λ は何かある定数 (未定の定数) として，

$$F(x,y,\lambda) = f(x,y) - \lambda g(x,y) \tag{4}$$

という関数を考える。これに対して，

$$F_x(x,y,\lambda) = 0,\ F_y(x,y,\lambda) = 0,\ g(x,y) = 0 \tag{5}$$

を満たす $x,\ y,\ \lambda$ の値 $x_0,\ y_0,\ \lambda_0$ があったとすると，そこでは (3) が成り立っているから，(1)，(2) より，(x_0, y_0) において，2 曲線

$$g(x,y) = 0, \quad f(x,y) = f(x_0, y_0)$$

の接線は一致することになる。したがって，この 2 曲線は接する。

そうすると，はじめに見たように，曲線 $g(x,y) = 0$ 上の点である (x_0, y_0) において，$f(x,y)$ の値は，最大あるいは最小になっていると見ることができる。

このように，(4) という式を考え，これに対して (5) を満たす $x_0,\ y_0,\ \lambda_0$ の組を探して，曲線 $g(x,y) = 0$ 上で関数 $f(x,y)$ の値が最大あるいは最小になっている点を求める方法を**ラグランジュ（Lagrange）の未定乗数法**という。

この方法は，変数の数がもっと多い場合，そして制約条件がいくつもある場合にも有効な方法である。

1 変数の場合に，$f'(x_0) = 0$ から，$x = x_0$ が $f(x)$ の最大最小を与える点と簡単に結論できなかったのと同様に，上記だけで単純に，これで，最大あるいは最小を与える点が見つかったとはいえないわけである。しかし，最大あるいは最小を与える点があれば，それは，この方法で求められることは確かであるから，これは，多変数の場合に，制約条件のある中での最大最小を見つける最も有効，かつ重要な手段となっているのである。

5.6 条件付き極大・極小

例題 5.2 $x > 0$, $y > 0$ で，曲線 $x^2 + y^2 = 2$ 上での xy の最大値を求めよ。

$F(x, y, \lambda) = xy - \lambda(x^2 + y^2 - 2)$ から，(5) の計算をすると，

$$F_x(x, y, \lambda) = y - 2\lambda x = 0, \quad F_y(x, y, \lambda) = x - 2\lambda y = 0$$

したがって，

$$y = 2\lambda x, \qquad x = 2\lambda y \tag{6}$$

2 乗して加えると，

$$y^2 + x^2 = 4\lambda^2 (x^2 + y^2)$$

$x^2 + y^2 = 2$ であるから，$4\lambda^2 = 1$ ゆえに，$2\lambda = \pm 1$ (6) から，$x = \pm y$
$x > 0$, $y > 0$ であるから $x = y$

ゆえに，$x = y = 1$ が最大値，あるいは最小値を与えている。

これが最大値であることは，この節のはじめに見た通りである。

問 5.2 直線 $ax + by = c$ 上で，原点から一番近い点を，ラグランジュの未定乗数法を用いて求めよ。

5.7 生産関数と効用関数

経済活動は，非常に多くの側面をもっており，数多くの変数が複雑に絡み合っている。そのようなことを分析する手段が必要となる。

経済学で，多変数関数の例としてよくあげられるのは生産関数，効用関数なので，それを例として，以下説明をすすめていく。

□ 生 産 関 数 □

企業は製品を生産し，それを市場に送り出す。生産のためには，いろいろな要素を投入する。資本，労働，原材料，等々。それらの生産要素は多種多様であるが，以下では 2 種類とし，投入量を x, y としたときの生産量を

$$z = f(x, y) \tag{1}$$

として考える。これが生産関数である。一般的には，$x, y, u, v, \cdots$ と数多くの投入量の関数として生産量 z を考えていかなければならないのではある。しかし，1 変数のときと 2 変数のときとでは，扱いが非常に異なるところがあるが，多変数の場合の手段は 2 変数の場合で尽くされ，あとはそれを一般化して考えていけばよい。

関数 (1) のグラフは，図 5.11 に示したように 3 次元的になる。ここで，$z = $ 一定 とすると，xy 平面上のグラフがかける。これを等量曲線という（図 5.12）。これは，地図における等高線に相当する。これには，次の性質がある。

① 互いに交わらない。
② 右上方に位置する等量曲線ほど，対応する z の値は大きい。
③ 等量曲線は右下がりである。
④ 下に凸である（原点に向かって凸）

5.7 生産関数と効用関数

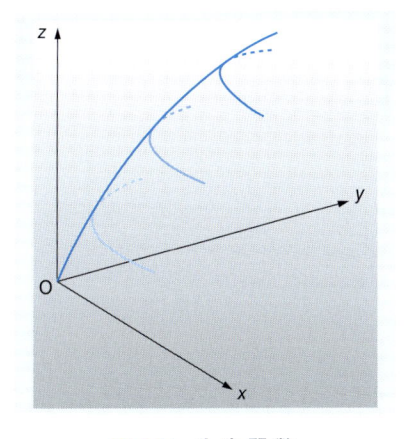

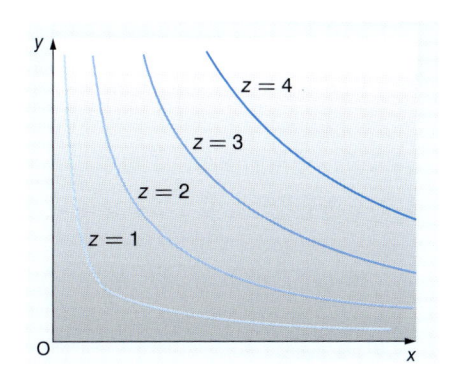

図 5.11 生産関数

図 5.12 等量曲線

①,②については,説明は不要であろう。

③について。これは,x の投入量を増やすとき,y の投入量が減ることを示している。実際,もし x の投入量を増やすとき,y の投入量がそのまま,あるいは増加させると,生産量も当然増やすことになる。したがって,生産量が等量であるためには,y は減少しなくてはならない。

これは,

$$\frac{dy}{dx} < 0$$

ということで表現される。この微分係数の値の絶対値は,**限界代替率**とよばれる。

④について。この曲線が下に凸であるということは,$\dfrac{dy}{dx}$ が増加する,あるいは 0 に近くなっていくことを意味する。限界代替率について見ると,この値が減少していくことを示している。これは,x が増加していっても,y の必要量はそれほど減少しない,ということの現れである。このことは,**限界代替率逓減の法則**といわれている。

生産関数の例としてよく用いられるのが，コブ（Cobb）・ダグラス（Douglas）型の生産関数といわれるものである。これは，次の式で示される。

$$z = A x^a y^b \qquad (a > 0,\ b > 0)$$

ここで，等量曲線上，すなわち $z = $ 一定 として，$\dfrac{dy}{dx}$ を求めてみよう。z の全微分をつくり，それを 0 とすると，

$$A a x^{a-1} y^b\, dx + A x^a b y^{b-1}\, dy = 0$$

したがって，

$$\frac{dy}{dx} = -\frac{a}{b}\frac{y}{x}$$

また，これをさらに微分すると，

$$\frac{d^2 y}{dx^2} = -\frac{a}{b}\frac{\dfrac{dy}{dx} x - y}{x^2} = -\frac{a}{b}\frac{-\dfrac{a}{b}\dfrac{y}{x} x - y}{x^2} = \frac{a}{b^2}\frac{(a+b)y}{x^2}$$

となる。

これから，$\dfrac{d^2 y}{dx^2} > 0$ となり，関数は下に凸であることがわかる。

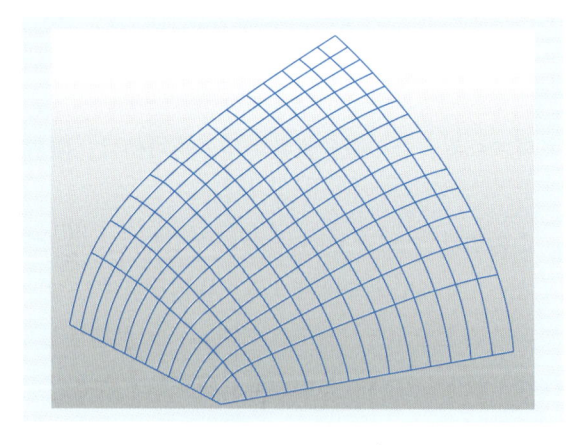

図 5.13　$z = Ax^a y^b$

□ 効用関数 □

効用関数は，すでに使っているが，ここでまとめて見ておこう。

消費者は，いろいろな財を購入消費し，あるいはいろいろなサービスをうけている。このための消費と，そこから得られる満足度（これを効用とよぶ）の関係を表すのが**効用関数**である。

これも多種多様の財，サービスがあるであろうが，ここではやはり 2 種類のものに限定して，

$$z = f(x, y)$$

という形のものを議論する。多くの変数の場合は，これからの一般化で理解ができるからである。

効用関数に対しては，$z = $ 一定 のとき xy 平面上に描かれる曲線は，**無差別曲線**とよばれる。これには，生産関数の場合の等量曲線の場合と同じく，次の性質がある。

① 互いに交わらない。
② 右上方に位置する無差別曲線ほど，対応する z の値は大きい。
③ 無差別曲線は右下がりである。
④ 下に凸である（原点に向かって凸）

これについても，限界代替率は，同じように定められ，やはり限界代替率逓減の法則が成り立つ。

効用関数に対しても，コブ・ダグラス型の式が用いられることが多い。

$f(x, y)$ が効用関数のとき，偏導関数 f_x は，第 1 財の**限界効用**という。これは，第 2 財を一定にしたまま，第 1 財を 1 単位増加させたときの効用の増加分という意味である。第 2 財を一定にしたままでは，第 1 財を増加させても，当然その効果は減少していくであろうから，f_x は減少，すなわち $f_{xx} < 0$ となる。これを**限界効用逓減の法則**という。

f_y についても，同様にこれを，第 2 財の限界効用という。これは，第 1 財を一定にしたまま，第 2 財を 1 単位増加させたときの効用の増加分という意味である。

生産関数，あるいは効用関数の偏導関数の値は，それぞれ限界生産，あるいは限界効用とよばれる。これは，他の条件を一定にしておいて，一つの投入量だけを変化させたときの，限界値（2.5 節参照）である。

次に，曲面 $z = f(x, y)$ の，平面 $z = z_0$ による切り口について見てみよう。これは，$f(x, y)$ が生産関数のときは等量曲線，効用関数のときは無差別曲線である。

この曲線の接線は，

$$f_x(x_0, y_0)(x - x_0) + f_y(x_0, y_0)(y - y_0) = 0, \quad z = z_0$$

である。この直線を xy 平面に投影した直線

$$f_x(x_0, y_0)(x - x_0) + f_y(x_0, y_0)(y - y_0) = 0$$

の傾きは，

$$\frac{y - y_0}{x - x_0} = -\frac{f_x(x_0, y_0)}{f_y(x_0, y_0)}$$

で，これが切り口の曲線の接線の傾き $\dfrac{dy}{dx}$ である。すなわち，

$$\frac{dy}{dx} = -\frac{f_x}{f_y}$$

$-\dfrac{dy}{dx}$ は，前に述べた限界代替率である。

上の式の意味を効用関数の場合について述べると，

  限界代替率は限界効用の比の絶対値

ということである。

問 5.3　効用関数が $x^a y^b$ のとき，効用をあるレベルに保ちながら，支出 $px + qy$ を最小にする消費計画を定めよ。

練習問題

1 次の関数の x, y（および z）に関する 1 階および 2 階の偏導関数を求めよ．
(1)　$x^3 + y^3 - 3axy$　　　　(2)　e^{2x+3y}
(3)　$x^2 + y^2 + z^2$　　　　(4)　$\log(x^2 + xy + y^2)$
(5)　$\dfrac{x+z}{x+y}$

2 $z = \dfrac{1}{2}(x^2 - y^2)$ で定められる曲面（双曲放物面，図 5.3 参照）上の各点における接平面の方程式を求めよ．また，この平面と曲面との交わりの曲線の式を求めよ．

3 次の関数の極値を求めよ．
(1)　$x^4 + y^4 - 2x^2 + 4xy - 2y^2$　　　(2)　$100x^{0.25}y^{0.5} - 50x - 25y$

4 (1)　$x^2 + y^2 = 1$ の条件のもとに，$ax^2 + 2bxy + cy^2$ の極値を求めよ．
(2)　$x^2 + y^2 = 1$ の条件のもとに，$x^3 + y^3$ の極値を求めよ．

5 ある個人は働いて得た賃金のすべてを y 財の購入に支出するものとする．1 年間に働く日数を L $(0 \leq L \leq 365)$ とすると，働かない日は余暇であり，余暇の日数 x は，$x = 365 - L$ で定義される．個人の効用は余暇と y 財の消費に依存して個人の効用関数は

$$u = x^2 y^3 \quad (u：効用水準, \ x：余暇の日数, \ y：y 財の消費量)$$

で示されるとする．y 財の価格は 5,000 円，労働 1 日当たりの賃金率は 1 万円であるとする．個人が効用を最大にするように行動するならば，1 年間の労働日数は何日か．
（武隈愼一『演習ミクロ経済学』新世社より）

6 関数 $z = \sqrt{x^4 + y^4}$ は $xz_x + yz_y = 2z$ を満たすことを示せ．

7 x, y の二つの関数 $u(x, y), v(x, y)$ について

$$u_x = v_y, \quad u_y = -v_x$$

が成り立てば，

$$u_{xx} + u_{yy} = 0, \quad v_{xx} + v_{yy} = 0$$

であることを示せ。

8 関数 $u(x,y) = ax^3 + bx^2y + cxy^2 + dy^3$ が,
$$u_{xx} + u_{yy} = 0$$
を満たすための条件を求めよ．また，このとき，前題の条件を満たす関数 $v(x,y)$ を見いだせ．

ボックス 5.1 ケインズと数理経済学

　経済理論の展開や，経済問題の分析に際して，数学的手法を駆使して研究を進めるのが**数理経済学**である．これは，すでに 19 世紀はじめ頃から行われていたが，系統的な理論展開として著名なのは，ケインズによるものである．

　ケインズは，1936 年に出版した『一般理論』において，数学を援用して所得の分析などを行った．いくつかの財 $x_1, x_2, \cdots$ の関数

$$f(x_1, x_2, \cdots)$$

について，その変化を調べ，価格の変化ではなく，産出量，したがってまた，それに伴う雇用量の変化を問題とし，将来について不確実性が存在する社会では，投資を中心に有効需要が不足し，失業が生ずることを明らかにした．その他，いろいろな議論，主張をしている．

　経済問題を数理的に論ずることは，現在，重要な手段として行われている．

　近年，伊藤の確率微分方程式の理論を活用して，将来予測をたてるといったことが，なされている．

　　　ケインズ（J. M. Keynes, 1883～1946）
　　　伊藤　清（京都大学名誉教授，文化勲章受賞，1915～2008）

行 列 6

　われわれは，日常，いろいろな表を使っている。
　企業でも，いろいろな活動のもとは表である。日常の活動を記録し，次の行動計画をたてる。
　表を，単に記録の道具としてだけでなく，これにいろいろな計算をほどこして活用していこうというのが，行列，あるいはマトリックスといわれているものである。
　これまでにも，表は，集計の道具として使ってきた。しかし，ここでこれから学ぶことは，表そのものを計算の対象とすることである。これはいままでしてきたのとは異なった方向である。いろいろな行列の計算を知り，それがどのように役立っていくのかを見る。

6.1 多元の量

われわれは，日常，いろいろな量を用いている。重さ，金額，距離，時間，等々。

いままでに用いてきたこれらの量は，数量である。これらは通常，ある単位によって，数によって表され，加えたり，引いたり，何倍かしたりすることができる。例えば，米の量を考えてみると，これは，通常 kg を単位として計られている。1 kg の米と 2 kg の米をあわせれば 3 kg の米，また，1 袋 10 kg の米 5 袋では 50 kg の米，ということになる。

ところで，日常の品物でも，実はこのように単純に数量として把握できないものも多々ある。

品物のサイズを考えてみよう。冷蔵庫や，机，たんすなどの家具などは，高さ (height)，横幅 (width)，奥行 (depth)，すなわち HWD がわからないと困る。これに値段を加えて，購入を決定するには，少なくとも四つの数量が関係してくる。さらに，色や好みの要素をいれると，実際の事物には，一つのものが，沢山の要素をもっていることが知られる。

このように沢山の要素をもったものをまとめて，一つの量として，数学的な取扱いを考える。

数学で扱うには，数でないと困るから，各要素で，もともと数量となっていないものは適当に数量化する，考察から除外するなどして，数を要素にもつものだけをまとめる。

これが，ここで取り上げようとしている多元の量である。これをまた，ベクトル量ともいう。ベクトルというのは，「運ぶもの」という意味の言葉である。

ベクトル量を構成している一つ一つの数を成分という。成分の数をそのベクトルの次元という。

6.1 多元の量

もちろん，どのような量を使うかは，目的に応じて取捨されなければならない．電器店で冷蔵庫を仕入れて，陳列するには，横幅と値段が問題であろうし，仕入れて，倉庫に積んでおくには，HWD の三つが問題になるであろう．

ボックス 6.1　ベクトル

ベクトルは，もともと力や運動の記述に伴って使われだしたもので，19 世紀中頃から登場した．

物をひっぱる場合，2 方向から引くと，図 6.1 のように，この 2 方向を相隣る 2 辺とする平行四辺形の対角線に沿った動きをする．これを**力の平行四辺形**というが，この平行四辺形の法則が通用するものを，数学では広く一般にベクトルとして扱っている．

xy 平面上の 2 点 $A(a_1, a_2)$, $B(b_1, b_2)$ に対して，OA, OB を 2 辺とする平行四辺形の第四の頂点 R の座標は，図 6.2 から，$(a_1 + b_1, a_2 + b_2)$ となることがわかる．そこで，次の節で見るように，多元の量の間の演算として，$(a_1, a_2) + (b_1, b_2) = (a_1 + b_1, a_2 + b_2)$ とすることにより，これはベクトルの一種と見なされることになるのである．

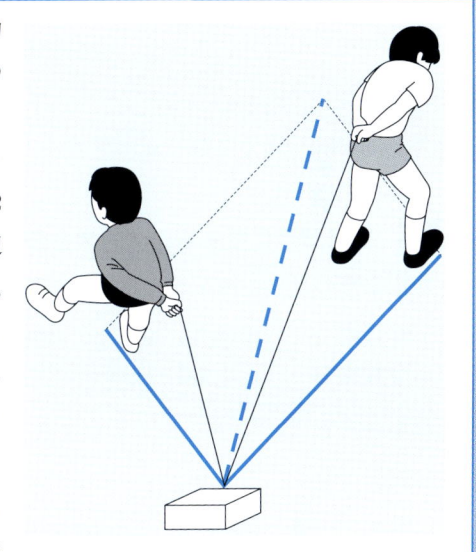

図 6.1　力の平行四辺形

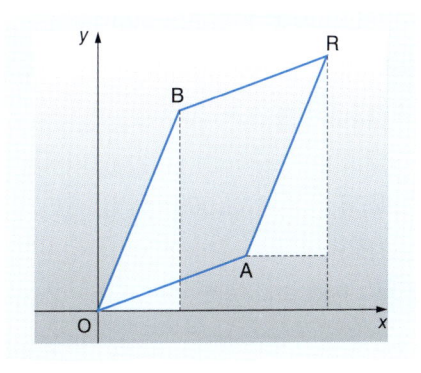

図 6.2　ベクトル

6.2 多元の量の間の演算

同種のベクトル量の間では，加えたり，引いたり，何倍かしたりすることができる。

同種の，ということは大切である。普通の数量でも，違う種類のものの間では，計算はできない。例えば，長さと重さを加えることはできない。

同種のベクトル量というのは，成分の数が同じで，かつ各成分が，同種の数量であることである。

ベクトル量は，成分を縦に並べて書くと便利なことが多い。

例 1　商品展示に要するスペースと合計の価格

下に示したのは，2 種類の冷蔵庫の横幅と値段である。

冷蔵庫 A　　横幅 55（cm）　　価格 15（万円）
冷蔵庫 B　　　　60（cm）　　　　18（万円）

これを加えれば，並べて展示するときに必要な，横のスペース，および，合計の値段となる。

$$\begin{matrix}横幅\\価格\end{matrix}\begin{bmatrix}55 & (\text{cm})\\15 & (\text{万円})\end{bmatrix}+\begin{bmatrix}60 & (\text{cm})\\18 & (\text{万円})\end{bmatrix}=\begin{bmatrix}115 & (\text{cm})\\33 & (\text{万円})\end{bmatrix}$$

また，CD の箱 1 枚の厚さが 1 cm で，価格が 3,000 円としたとき，これを 15 個積み上げて販売しようとすると，厚さと，価格総額は，それぞれの成分を 15 倍してみればよい。

$$\begin{matrix}厚さ\\価格\end{matrix}\;15\times\begin{bmatrix}1 & (\text{cm})\\3{,}000 & (\text{円})\end{bmatrix}=\begin{bmatrix}15 & (\text{cm})\\4.5 & (\text{万円})\end{bmatrix}$$

例 2　喫茶店の伝票

表 6.1 のような伝票は，品目，単価の部分は別として，1 回ごとに書き込む数量，金額の欄は，それぞれ一つのベクトル量と見られる。

1 枚ずつの数量のベクトルを成分ごとに足していけば，例えば 1 日に何が

いくつ出たかを知ることができる。これは，喫茶店で，用意すべきものの量を知るのに大切なことである。金額の部分も同様に考えられるが，これはまた，全体の合計が問題になるであろう。

表6.1 伝票の例

品	目	単価	数量	金額
コーヒー	アイス			
	ホット			
紅茶	ミルク			
	レモン			
アイスクリーム	バニラ			
	チョコレート			
⋮				
合　計				

例3　食料品店の売上整理表

食料品店の売上整理表として，表6.2のようなものを考えてみよう。

肉のところは，さらに牛肉，豚肉，鶏肉など，品目はいろいろ細かくあるかもしれないが，それらを縦に見たものは，それぞれをベクトル量として考え，扱うことができるであろう。

これら全体からできる表は，以下の節で見る行列の一つの例として見ることができる。

表6.2 売上整理表

生　鮮　食　料　品			加　工　食　品			…
肉	魚	野　菜	乾燥食品	缶　詰	冷凍食品	

6.3 表

われわれは，日常，いろいろな形で表を活用している。

前の節で見た喫茶店の伝票や，食料品店の売上整理表などは，そういうものである。

表は，単に表としてしか使い途のない場合もあるが，次のように，これを計算の道具として使うこともできる。

表 6.3 は，ある製品について，その価格と，保守契約の費用，ならびに 1 回の故障のとき必要とする経費を示している。故障のときの費用は流動的であるが，一応，平均的な数を考えた。

表 6.3　ある製品の価格表

	価　　格	保守契約費(/年)	修理費(/回)
A 商店	65（万円）	10（万円）	5（万円）
B 商店	60（万円）	6（万円）	10（万円）
C 商店	55（万円）	0	20（万円）

（注）更新期間を 5 年として，5 年間に要する費用を考えている。
保守契約では，修理の際，取り替えた部品の代金は別に徴収される。
保守契約をしていない場合，出張費がとられる。
保守契約の高いものについては，1 回の出張ごとの点検をしっかりする結果，故障頻度が少ない，と考えられる。

この製品を 5 年間，使うことにして，その間に要する費用の見積もりをしてみよう。

A 商店の場合は 1 年に 1 回程度の故障として，年間の修理費を見積もる。そうすると，A 商店の場合の費用は，

$$65 \times 1 + 10 \times 5 + 5 \times 5 = 140$$

と計算される。掛けている数字の 1 はこの製品の購入を示し，次の 5, 5 は，それぞれ 5 年を示している。すなわち 65 万円で購入し，保守契約（10 万円）を 1 年に 1 回，したがって 5 年に 5 回更新し，修理の際の取り替え部品の

費用は年間 5 万円としてその 5 年分を見積もり，これを総費用としている。

ここで，この計算を，費用は表のままに横に書き，また，1, 5, 5 は縦に書いて，次のような様式で計算してみよう。

□ 横，縦の計算 □

$$\begin{bmatrix} 65 & 10 & 5 \end{bmatrix} \begin{bmatrix} 1 \\ 5 \\ 5 \end{bmatrix} = 65 \times 1 + 10 \times 5 + 5 \times 5 = 140 \,(\text{万円})$$

このように，二つのベクトル量を横，縦に書いて積を計算することは，数学史上でも特筆されるべき発見であった。これによって，さまざまな計算を，容易に，見通しよく，実行することができるようになったのである。

ベクトルを，横に成分を並べて書いたものを横ベクトル，縦に並べて書いたものを縦ベクトルという。これらを混同することはできないが，適宜使い分けることによって，たいへん便利に使うことができる。

問 6.1　A 商店の場合と同じようにして，B 商店の場合，C 商店の場合を計算せよ。ただし，B 商店の場合は半年に 1 回，C 商店の場合は 3 カ月に 1 回の修理とする。

6.4 表と行列

表は，記録や集計に役に立つだけではない。ここでは，表，そのものを，演算の対象として扱うことを考えよう。そのように，演算の対象として考える数の四角の配列を行列という。

いくつかの数を四角（長方形）に配列して，括弧でくくったものが行列である。

$$\begin{bmatrix} 2 & 9 & 4 \\ 7 & 5 & 3 \\ 6 & 1 & 8 \end{bmatrix} \tag{1}$$

$$\begin{bmatrix} 67 & -11 & 9 & -48 \\ 4 & 7 & -61 & 78 \end{bmatrix} \tag{2}$$

など。また，p.136 の製品の価格表は，

$$\begin{bmatrix} 65 & 10 & 5 \\ 60 & 6 & 10 \\ 55 & 0 & 20 \end{bmatrix} \tag{3}$$

と行列の形に書いておくことができる。

このように，$m \times n$ 個の数を四角に配列して括弧でくくったもの

$$\begin{bmatrix} a_{11} & a_{12} & \cdots & a_{1n} \\ a_{21} & a_{22} & \cdots & a_{2n} \\ & & \vdots & \\ a_{m1} & a_{m2} & \cdots & a_{mn} \end{bmatrix} \tag{4}$$

が<u>行列</u>といわれるものである。横の並びを<u>行</u>，縦の並びを<u>列</u>という。

上の配列は m 個の行，n 個の列をもつ行列である。このような行列を $m \times n$ 行列という。そして，$m \times n$ をこの行列の<u>型</u>という。

(1), (3) は 3×3 行列，(2) は 2×4 行列である。

(4) で書いた a_{11}, a_{12}, $\cdots$ 等，a の右下に数を二つ並べて書いたものは，大変煩わしく見える。これは<u>二重添数</u>（そえかず）といわれるが，これも巧みな記号の用法として称揚されているものである。

6.5 行列の演算（1）——行列の加法，数を掛ける演算

行列の要素……行列の一つずつの位置におさまっている数を**要素**という。そして，第 j 行，第 k 列の交差した位置にある要素を jk 要素という。(1) の行列では，jk 要素を，番号 jk を添え字にして，a_{jk} と書いている。

加法……前ページの例に示したように，行列の要素は，お互いには関係がなくてもよい。しかし，同じ型の行列を二つもってくれば，対応する位置にある要素は，同じ意味をもつものであるから，加え合わせることができる。

一般的には，同じ型の二つの行列は，互いに対応する位置にある数値を加え合わせることによって，加法ができる。例えば，

$$\begin{bmatrix} a_{11} & a_{12} \\ a_{21} & a_{22} \\ a_{31} & a_{32} \end{bmatrix} + \begin{bmatrix} b_{11} & b_{12} \\ b_{21} & b_{22} \\ b_{31} & b_{32} \end{bmatrix} = \begin{bmatrix} a_{11}+b_{11} & a_{12}+b_{12} \\ a_{21}+b_{21} & a_{22}+b_{22} \\ a_{31}+b_{31} & a_{32}+b_{32} \end{bmatrix} \tag{5}$$

数を掛ける演算……行列の各要素に，いっせいにある数 k を掛けることによって，数を掛ける演算が定義される。例えば，

$$k \begin{bmatrix} c_{11} & c_{12} & c_{13} & c_{14} \\ c_{21} & c_{22} & c_{23} & c_{24} \end{bmatrix} = \begin{bmatrix} kc_{11} & kc_{12} & kc_{13} & kc_{14} \\ kc_{21} & kc_{22} & kc_{23} & kc_{24} \end{bmatrix} \tag{6}$$

このように，行列の間に演算を考えるとき，行列を A, B などと書いておくと便利である。そうすると，(5), (6) は，

$$A + B, \qquad kC$$

と書いておくことができる。もちろん，ここで，このように書くときは，この式に意味がなければならない。すなわち，$A + B$ というときは，A, B は同じ型の行列であることは了解されているものとする。このことは，いままでの計算ではなかったことであるが，これからは，式に意味があるかどうかの配慮が必要になる。

第6章 行列

0行列（ゼロ行列） ……すべての要素が0である行列を0行列という。そしてこれを O で表す。

任意の行列 A に対して、$A - A = O$, $\quad 0A = O$

また、$O - A$ を単に $-A$ と書く。

例題 6.1 $A = \begin{bmatrix} 4 & 0 \\ -3 & 1 \end{bmatrix}, B = \begin{bmatrix} 3 & 5 \\ 1 & -2 \end{bmatrix}, C = \begin{bmatrix} 0 & -3 \\ 2 & 7 \end{bmatrix}$
のとき、次の行列を求めよ。

(1) $2A + 3B - C$ (2) $C - 2B - (2A - B)$

解 (1) $2A + 3B - C = 2 \times \begin{bmatrix} 4 & 0 \\ -3 & 1 \end{bmatrix} + 3 \times \begin{bmatrix} 3 & 5 \\ 1 & -2 \end{bmatrix} - \begin{bmatrix} 0 & -3 \\ 2 & 7 \end{bmatrix}$

$= \begin{bmatrix} 8 & 0 \\ -6 & 2 \end{bmatrix} + \begin{bmatrix} 9 & 15 \\ 3 & -6 \end{bmatrix} - \begin{bmatrix} 0 & -3 \\ 2 & 7 \end{bmatrix}$

$= \begin{bmatrix} 8+9 & 15-(-3) \\ -6+3-2 & 2+(-6)-7 \end{bmatrix} = \begin{bmatrix} 17 & 18 \\ -5 & -11 \end{bmatrix}$ （答）

(2) $C - 2B - (2A - B) = C - 2B - 2A + B = -2A - B + C$

$= -2 \times \begin{bmatrix} 4 & 0 \\ -3 & 1 \end{bmatrix} - \begin{bmatrix} 3 & 5 \\ 1 & -2 \end{bmatrix} + \begin{bmatrix} 0 & -3 \\ 2 & 7 \end{bmatrix}$

$= \begin{bmatrix} -8-3 & -5-3 \\ 6-1+2 & -2+2+7 \end{bmatrix} = \begin{bmatrix} -11 & -8 \\ 7 & 7 \end{bmatrix}$ （答）

例題 6.2 $A = \begin{bmatrix} 1 & 4 \\ -3 & 5 \end{bmatrix}, B = \begin{bmatrix} 4 & 7 \\ 3 & -1 \end{bmatrix}$ のとき、

$5X + B = -(X - A)$

を満たす行列 X を求めよ。

解 $5X + B = -(X - A)$ から、$5X + B = -X + A$

ゆえに、$6X = A - B = \begin{bmatrix} 1 & 4 \\ -3 & 5 \end{bmatrix} - \begin{bmatrix} 4 & 7 \\ 3 & -1 \end{bmatrix} = \begin{bmatrix} -3 & -3 \\ -6 & 6 \end{bmatrix}$

ゆえに、$X = \dfrac{1}{6} \times \begin{bmatrix} -3 & -3 \\ -6 & 6 \end{bmatrix} = \begin{bmatrix} -\dfrac{1}{2} & -\dfrac{1}{2} \\ -1 & 1 \end{bmatrix}$ （答）

6.6 行列の演算（2）——行列の乗法

行列の間に乗法が定義できる。すでに，6.3 節で見たように，横ベクトルと縦ベクトルの間では，

$$\begin{bmatrix} 65 & 10 & 5 \end{bmatrix} \begin{bmatrix} 1 \\ 5 \\ 5 \end{bmatrix} = 65 \times 1 + 10 \times 5 + 5 \times 5 = 140$$

というようにして，積が計算できた。これを続けていくのである。

$$\begin{bmatrix} 65 & 10 & 5 \\ 60 & 6 & 10 \end{bmatrix} \begin{bmatrix} 1 & 1 \\ 5 & 10 \\ 5 & 20 \end{bmatrix} = \begin{bmatrix} 140 & 265 \\ 140 & 320 \end{bmatrix}$$

このようにして，最初の行列の横の長さと次の行列の縦の長さが等しければ，行と列を対応させて積を作っていくことができる。

例題 6.3 次の行列 A, B について，積 AB および BA を求めよ。

$$A = \begin{bmatrix} 4 & -1 \\ 4 & -2 \end{bmatrix} \qquad B = \begin{bmatrix} 8 & -2 \\ 4 & -9 \end{bmatrix}$$

解

$$AB = \begin{bmatrix} 4 & -1 \\ 4 & -2 \end{bmatrix} \begin{bmatrix} 8 & -2 \\ 4 & -9 \end{bmatrix} = \begin{bmatrix} 4 \times 8 + (-1) \times 4 & 4 \times (-2) + (-1) \times (-9) \\ 4 \times 8 + (-2) \times 4 & 4 \times (-2) + (-2) \times (-9) \end{bmatrix} = \begin{bmatrix} 28 & 1 \\ 24 & 10 \end{bmatrix}$$

$$BA = \begin{bmatrix} 8 & -2 \\ 4 & -9 \end{bmatrix} \begin{bmatrix} 4 & -1 \\ 4 & -2 \end{bmatrix} = \begin{bmatrix} 8 \times 4 + (-2) \times 4 & 8 \times (-1) + (-2) \times (-2) \\ 4 \times 4 + (-9) \times 4 & 4 \times (-1) + (-9) \times (-2) \end{bmatrix} = \begin{bmatrix} 24 & -4 \\ -20 & 14 \end{bmatrix}$$

注意 行列の積の計算では，積の順序を勝手に変更してはならない。

問 6.2 次の行列 A, B について，積 AB および BA を求めよ。

$$A = \begin{bmatrix} -8 & 4 \\ 2 & -9 \end{bmatrix} \qquad B = \begin{bmatrix} -5 & 6 \\ -7 & 8 \end{bmatrix}$$

一般に，$l \times m$ 行列 A と，$m \times n$ 行列 B の積 AB は，

$$\begin{bmatrix} a_{11} & a_{12} & \cdots & a_{1m} \\ a_{21} & a_{22} & \cdots & a_{2m} \\ & & \vdots & \\ a_{l1} & a_{l2} & \cdots & a_{lm} \end{bmatrix} \begin{bmatrix} b_{11} & b_{12} & \cdots & b_{1n} \\ b_{21} & b_{22} & \cdots & b_{2n} \\ & & \vdots & \\ b_{m1} & b_{m2} & \cdots & b_{mn} \end{bmatrix} = \begin{bmatrix} c_{11} & c_{12} & \cdots & c_{1n} \\ c_{21} & c_{22} & \cdots & c_{2n} \\ & & \vdots & \\ c_{m1} & c_{m2} & \cdots & c_{mn} \end{bmatrix}$$

として作られる。ここで，

$$c_{jk} = a_{j1}b_{1k} + a_{j2}b_{2k} + \cdots + a_{jm}b_{mk}$$

すなわち，A の第 j 行の要素と B の第 k 列の要素を順に一つずつつき合わせて掛けていって，それを加えたものを結果の行列の第 jk 要素とするのである。もちろん，この計算ができるためには，行列 A の列の数と行列 B の行の数が等しくなければならない。$l \times m$ 行列と $m \times n$ 行列の積は，$l \times n$ 行列となる。

このような方式が考案されたのはまさに天才のひらめきであって，どうしてこのようにやるのかといわれても，このようにやると，万事うまくいくのだ，というより仕方ないのである。ともかく，この掛け算の方式が発明されて，行列は，その後の数学の基本的な道具となったのである。

正方行列……行の数と列の数の等しい行列，すなわち $n \times n$ 行列を，正方行列という。

単位行列……正方行列のうち，左上から右下にかけての対角線に 1 が並び，その他の要素はすべて 0 という行列

$$\begin{bmatrix} 1 & 0 & \cdots & 0 \\ 0 & 1 & \cdots & 0 \\ & & \vdots & \\ 0 & 0 & \cdots & 1 \end{bmatrix}$$

を単位行列という。これを I で表す。

単位行列は，行列の掛け算では，数のときの 1 に相当する働きをする。すなわち，

$$IX = X, \qquad XI = X$$

練習問題

1 次の行列 A, B, C について,$(AB)C, A(BC)$ を求め,$(AB)C = A(BC)$ を確かめよ.

$$A = \begin{bmatrix} 4 & 0 \\ -3 & 1 \end{bmatrix}, \quad B = \begin{bmatrix} 3 & 5 \\ 1 & -2 \end{bmatrix}, \quad C = \begin{bmatrix} 0 & -3 \\ 2 & 7 \end{bmatrix}$$

2 $3 \times \begin{bmatrix} 6 & -4 & 2 \\ 1 & -3 & 5 \end{bmatrix} - 2 \times \begin{bmatrix} 5 & 3 & 2 \\ -1 & 2 & -4 \end{bmatrix}$ を計算せよ.

3 $A = \begin{bmatrix} 3 & 1 \\ 2 & -4 \end{bmatrix}, \quad B = \begin{bmatrix} 5 & -3 \\ 4 & 6 \end{bmatrix}$ のとき,

$$2(X + A) = 3\left\{X - \frac{1}{2}(A - B)\right\}$$

を満たす行列 X を求めよ.

4 $A = \begin{bmatrix} 1 & -2 \\ -3 & 6 \end{bmatrix}, \quad B = \begin{bmatrix} 5 & 4 \\ 2 & 3 \end{bmatrix}, \quad C = \begin{bmatrix} 3 & 0 \\ 1 & 1 \end{bmatrix}$ のとき,

$$AB = AC$$

を確かめよ.

5 $A = \begin{bmatrix} 1 & 2 \\ -3 & 4 \end{bmatrix}, \quad B = \begin{bmatrix} -4 & 3 \\ 5 & 2 \end{bmatrix}$ のとき,次の計算を別々にせよ.

(1) $(A + B)(A - B)$ (2) $A^2 - B^2$

6 行列 A, B が,$A + B = \begin{bmatrix} 1 & -2 \\ -2 & 3 \end{bmatrix}, \quad A - B = \begin{bmatrix} -3 & 6 \\ -4 & 5 \end{bmatrix}$ を満たすとき,$A^2 - B^2$ を求めよ.

7 行列

$$A = \begin{bmatrix} 1 & 1 & 1 \\ 0 & 1 & 0 \\ 0 & 0 & 1 \end{bmatrix}, \ B = \begin{bmatrix} 1 & 0 & 0 \\ 1 & 1 & 0 \\ 1 & 0 & 1 \end{bmatrix}, \ C = \begin{bmatrix} 1 & 0 & 1 \\ 0 & 1 & 1 \\ 0 & 0 & 1 \end{bmatrix},$$

$$D = \begin{bmatrix} 1 & 0 & 0 \\ 0 & 1 & 0 \\ 1 & 1 & 1 \end{bmatrix}, \ E = \begin{bmatrix} 0 & 0 & 1 \\ 0 & 1 & 0 \\ 1 & 0 & 0 \end{bmatrix}$$

と，行列

$$X = \begin{bmatrix} 8 & 1 & 6 \\ 3 & 5 & 7 \\ 4 & 9 & 2 \end{bmatrix}$$

について，

$AX, \ BX, \ CX, \ DX, \ EX, \ XA, \ XB, \ XC, \ XD, \ XE$

を求めよ．

8 行列 $A = \begin{bmatrix} a & b \\ c & d \end{bmatrix}$ が $A^2 = A$ を満たすとき，このような行列 A の形を定めよ．

7 連立1次方程式

　方程式を作り，その解を求める，というのは，数学における基本的な仕事の一つである。いくつかの量の間の関係を表す1次式から方程式をつくり，それを満たすものを探す。そのようにして，連立1次方程式の問題は生まれた。そして，近代においても，そのことの重要性は変わらない。

　現在で問題となるのは，対象とする量の数が多いことで，これはもう手には負えない。コンピュータの作業になる。そして，そのもとを支える理論は，行列の理論である。

　この章では，行列の応用として，この連立1次方程式の問題を扱う。

7.1 連立 1 次方程式

連立 1 次方程式の問題は，非常に古くから登場している。次の問題は 3 世紀の中国の数学書（『九章算術』）にある問題である。

甲，乙はそれぞれいくらかの金を持っている。甲の所持金に乙の所持金の半分を加えると 5,000 円になり，乙の所持金に甲の所持金の $\frac{2}{3}$ を加えると，また 5,000 円である。甲，乙の所持金は，それぞれいくらか。

現代流でやれば，甲の所持金を x 円，乙の所持金を y 円とするとき，これは次の連立 1 次方程式になる。

$$\begin{cases} x + \frac{1}{2}y = 5{,}000 \\ \frac{2}{3}x + y = 5{,}000 \end{cases} \tag{1}$$

分母を払えば，次の連立 1 次方程式になる。

$$\begin{cases} 2x + y = 10{,}000 \\ 2x + 3y = 15{,}000 \end{cases} \tag{2}$$

この解は，$x = 3{,}750, y = 2{,}500$ となるのは容易に求められる。しかし，以下では，これを一般の，もっと未知数が多い場合に適用できる手段の考察をする。

そのために，行列を使って，連立 1 次方程式 (2) を書いてみる。これは，

$$A = \begin{bmatrix} 2 & 1 \\ 2 & 3 \end{bmatrix}, \; X = \begin{bmatrix} x \\ y \end{bmatrix}, \; B = \begin{bmatrix} 10{,}000 \\ 15{,}000 \end{bmatrix} \tag{3}$$

とすると，

$$AX = B \tag{4}$$

となる。

7.1 連立 1 次方程式

問 7.1　左のページの例では，連立 1 次方程式 (1) を，分母をはらって整数係数の (2) の形にして，行列表示した。

これを，(1) の分数表示のまま，行列の式として表せ。

われわれは，一番簡単な方程式として，1 次方程式
$$ax = b$$
を知っており，その解は，
$$a \neq 0 \quad \text{ならば} \quad x = b \div a$$
である。

上の $AX = B$ は，これと同じ形なので，同じように
$$X = B \div A$$
の形で解を得ることを考えよう。

ここでは割るという形で取り上げたが，われわれは行列では，乗法ということしか扱わない。そこでその範囲で問題を処理することを考える。

$b \div a$ というのは，b に a の逆数 $\frac{1}{a} = a^{-1}$ を乗ずることである。そこで行列の場合も，逆行列 A^{-1} というものを考えて，これを B に乗ずる，すなわち $A^{-1}B$ というものを作る，という行き方で考えることにする。

(3), (4) の場合には
$$C = \frac{1}{4}\begin{bmatrix} 3 & -1 \\ -2 & 2 \end{bmatrix}$$
という行列を作ると，
$$CB = \frac{1}{4}\begin{bmatrix} 3 & -1 \\ -2 & 2 \end{bmatrix}\begin{bmatrix} 10{,}000 \\ 15{,}000 \end{bmatrix} = \frac{1}{4}\begin{bmatrix} 15{,}000 \\ 10{,}000 \end{bmatrix} = \begin{bmatrix} 3{,}750 \\ 2{,}500 \end{bmatrix}$$
となり，これから先に得た答え $x = 3{,}750, y = 2{,}500$ が得られる。

この行列 C が，今の場合，われわれの求めている A^{-1} なのである。

逆行列とは何なのか。それをどのようにして作ればよいか。それを次の節で考えよう。

7.2 逆行列

正方行列 A に対して，
$$A^{-1}A = I \tag{1}$$
を満たす行列 A^{-1} があれば，これを，A の**逆行列**という。

$$A = \begin{bmatrix} a_{11} & a_{12} \\ a_{21} & a_{22} \end{bmatrix}$$

に対して，逆行列を求めてみよう。

まず，
$$D = a_{11}a_{22} - a_{12}a_{21}$$
とする。これを，行列 A の**行列式**という。

$D \neq 0$ ならば，
$$A^{-1} = \frac{1}{D}\begin{bmatrix} a_{22} & -a_{12} \\ -a_{21} & a_{11} \end{bmatrix}$$
が A の逆行列になる。

実際，この A^{-1} と A の積を作ってみる。

$$\begin{aligned} A^{-1}A &= \frac{1}{D}\begin{bmatrix} a_{22} & -a_{12} \\ -a_{21} & a_{11} \end{bmatrix}\begin{bmatrix} a_{11} & a_{12} \\ a_{21} & a_{22} \end{bmatrix} \\ &= \frac{1}{D}\begin{bmatrix} a_{22}a_{11} - a_{12}a_{21} & a_{22}a_{12} - a_{12}a_{22} \\ -a_{21}a_{11} + a_{11}a_{21} & -a_{21}a_{12} + a_{11}a_{22} \end{bmatrix} \\ &= \frac{1}{D}\begin{bmatrix} D & 0 \\ 0 & D \end{bmatrix} = \begin{bmatrix} 1 & 0 \\ 0 & 1 \end{bmatrix} = I \end{aligned}$$

これによって，この A^{-1} がたしかに，(1) の性質をもっていることが知られる。

$D = 0$ ならば，もちろんこの計算はできない。そして，逆行列は存在しない。このときはどういうことになるかは，章末に［付記］として記した。

7.2 逆行列

いま，
$$AX = B$$
という式の左側から A^{-1} を乗ずれば，
$$A^{-1}AX = A^{-1}B$$
(1) によって，$A^{-1}AX = IX = X$ であるから，
$$X = A^{-1}B$$
すなわち，逆行列を用いれば，
$$AX = B \quad \text{は,} \quad X = A^{-1}B$$
として，解が求められる。

例題 7.1 次の連立 1 次方程式を，逆行列を用いて解け。
$$\begin{cases} 3x - 14y = 5 \\ 4x - 18y = 2 \end{cases}$$

解
$$A = \begin{bmatrix} 3 & -14 \\ 4 & -18 \end{bmatrix}, \quad B = \begin{bmatrix} 5 \\ 2 \end{bmatrix}$$
$$D = 3 \times (-18) - 4 \times (-14) = 2$$
$$A^{-1} = \frac{1}{2}\begin{bmatrix} -18 & 14 \\ -4 & 3 \end{bmatrix}$$
$$A^{-1}B = \frac{1}{2}\begin{bmatrix} -18 & 14 \\ -4 & 3 \end{bmatrix}\begin{bmatrix} 5 \\ 2 \end{bmatrix} = \frac{1}{2}\begin{bmatrix} -62 \\ -14 \end{bmatrix} = \begin{bmatrix} -31 \\ -7 \end{bmatrix}$$

答 $x = -31, \ y = -7$

問 7.2 次の行列の逆行列を求めよ。
(1) $\begin{bmatrix} 1 & 0 \\ 2 & 1 \end{bmatrix}$ (2) $\begin{bmatrix} 2 & 1 \\ 3 & -4 \end{bmatrix}$ (3) $\begin{bmatrix} 5 & -1 \\ -2 & 0 \end{bmatrix}$

問 7.3 次の連立 1 次方程式を，逆行列を利用して解け。
(1) $\begin{cases} 3x + 2y = 4 \\ 2x + y = 1 \end{cases}$ (2) $\begin{cases} 2x - 3y = 1 \\ -x + 2y = 0 \end{cases}$

7.3 3元以上の連立1次方程式

3元以上の連立1次方程式についても，解法の原理は全く同じことで，係数の行列 A の逆行列が得られれば，解は，全く同様に表現される。

しかし，3元以上の行列の場合，逆行列を作ることは困難で，これを手で行うことは実際的でない。手で行うには，通常，掃き出し法という方法がとられる。これは，未知数を一つずつ減らす（掃き出す）ことによって，未知数の少ない連立方程式にして解を求めるのである。

しかし，これも実際的には，行われることはないであろう。現在はコンピュータの時代であるから，必要が生ずれば，コンピュータで処理すればよい。下には，掃き出し計算の例とともに，コンピュータで逆行列を求める方法を示した。

やはり，古い中国3世紀の数学書（『九章算術』）の問題を例として取り上げる（この古い中国の数学書を取り上げる理由は，これが数学史上はじめて連立1次方程式をシステマティックな形で扱った書物だからである）。

いま，収穫量によって，稲を上，中，下に分ける。
上の稲1束と，中の稲2束，下の稲3束からは，実が26斗とれる。
上の稲2束，中の稲3束，下の稲1束からは，実が34斗とれる。
上の稲3束，中の稲2束，下の稲1束からは，実が39斗とれる。
上，中，下の稲1束から，それぞれいくらの実がとれるか。

上，中，下それぞれの稲1束からの収穫量を x, y, z とすれば，

$$\begin{cases} x + 2y + 3z = 26 & (1) \\ 2x + 3y + z = 34 & (2) \\ 3x + 2y + z = 39 & (3) \end{cases}$$

である。

掃き出し計算による法

$(1) \times 2 - (2)$　　　$y + 5z = 18$　　　　　　　　(4)

$(1) \times 3 - (3)$　　　$4y + 8z = 39$　　　　　　　(5)

そして，

$(4) \times 4 - (5)$　　　　$12z = 33$

ゆえに，$z = \dfrac{11}{4}$ となり，これからまた，$y = \dfrac{17}{4}$，$x = \dfrac{37}{4}$ が得られる。

しかし，このように未知数が多くなった場合でも，1 節のように，

$$A = \begin{bmatrix} 1 & 2 & 3 \\ 2 & 3 & 1 \\ 3 & 2 & 1 \end{bmatrix}, X = \begin{bmatrix} x \\ y \\ z \end{bmatrix}, B = \begin{bmatrix} 26 \\ 34 \\ 39 \end{bmatrix}$$

とおくと，(1), (2), (3) の連立 1 次方程式は，

$$AX = B$$

の形となり，その解は，

$$X = A^{-1}B$$

として得られる。

A^{-1} は，表7.1 に示したように，Excel を使って求めると，

$$A^{-1} = \dfrac{1}{12} \begin{bmatrix} -1 & -4 & 7 \\ -1 & 8 & -5 \\ 5 & -4 & 1 \end{bmatrix}$$

である。

表7.1　Excel の計算例

1	2	3
2	3	1
3	2	1

-0.083333	-0.333333	0.5833333
-0.083333	0.6666667	-0.416667
0.4166667	-0.333333	0.0833333

Excel による逆行列の求め方
1. 逆行列を求めるもとの行列を入力。
2. 答えを入れる範囲を選択。
   上の場合では 3 × 3 の場所。
3. 関数ウイザード f で MINVERSE を入力。
4. もとの行列の範囲を入力。
5. CTRL と SHIFT キーを押しながら Enter キーを押す（表計算ソフトを用いると答は小数で出てくる）。

付記　行列式 $D=0$ のとき

$A = \begin{bmatrix} a_{11} & a_{12} \\ a_{21} & a_{22} \end{bmatrix}$ に対して，$D = a_{11}a_{22} - a_{12}a_{21} = 0$ のときは，

$$A \begin{bmatrix} a_{22} & -a_{12} \\ -a_{21} & a_{11} \end{bmatrix} = \begin{bmatrix} a_{11} & a_{12} \\ a_{21} & a_{22} \end{bmatrix} \begin{bmatrix} a_{22} & -a_{12} \\ -a_{21} & a_{11} \end{bmatrix}$$

$$= \begin{bmatrix} a_{11}a_{22} - a_{12}a_{21} & -a_{11}a_{12} + a_{12}a_{11} \\ a_{21}a_{22} - a_{22}a_{21} & -a_{21}a_{12} + a_{22}a_{11} \end{bmatrix}$$

$$= \begin{bmatrix} D & 0 \\ 0 & D \end{bmatrix} = O \qquad (*)$$

いま，もし，

$$YA = I \qquad (**)$$

であるような行列 Y が存在したとすると，この式の右側から $\begin{bmatrix} a_{22} & -a_{12} \\ -a_{21} & a_{11} \end{bmatrix}$ を掛けると，

$$YA \begin{bmatrix} a_{22} & -a_{12} \\ -a_{21} & a_{11} \end{bmatrix} = YO = O \qquad ((*) \text{より})$$

$$= I \begin{bmatrix} a_{22} & -a_{12} \\ -a_{21} & a_{11} \end{bmatrix} = \begin{bmatrix} a_{22} & -a_{12} \\ -a_{21} & a_{11} \end{bmatrix} \qquad ((**) \text{より})$$

であることになる。これは，$a_{11}, a_{12}, a_{21}, a_{22}$ がすべて 0 になることを意味するが，当然，それらの中には 0 でないものがあるような場合を考えているのであるから，これは矛盾，ということになる。

したがって，$D=0$ の場合には，逆行列は存在しない。

1 次方程式 $ax + by = p$ は，xy 平面上では直線を表している。そして，連立 1 次方程式

$$\begin{cases} ax + by = p \\ cx + dy = q \end{cases}$$

の解は，この 2 直線の交点の x 座標，y 座標となる。

7.3 3元以上の連立1次方程式

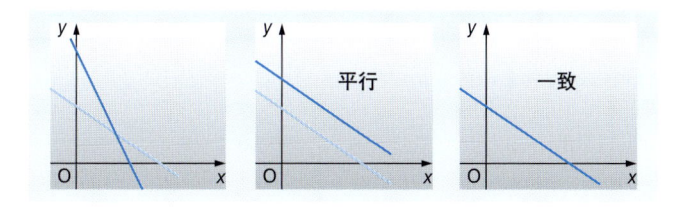

図 7.1 平行と一致

$D = ad - bc \neq 0$ ならば，交点はただ一つに定まり，それが連立1次方程式を解いて求められる。

$D = 0$ の場合 $ad - bc = 0$ であるから，いま，a, b, c, d のどれもが 0 でないとすれば，$\dfrac{c}{a} = \dfrac{d}{b}$ である。この比の値を k とすれば，$c = ak, d = bk$ となるから，上の連立1次方程式は，

$$\begin{cases} ax + by = p \\ ax + by = \dfrac{q}{k} \end{cases}$$

ということになる。

ここで，もし $\dfrac{q}{k} \neq p$ ならば，この2式は平行な2直線を表し，交点はない。また，$\dfrac{q}{k} = p$ ならば，この2式は同じ一つの方程式となり，同じ一つの直線を表すことになる。このとき交点は，いわば無数にある。

$D \neq 0$ か $D = 0$ かという意味は，このように図 7.1 を用いれば，明らかになる。

$D = 0$，かつ a, b, c, d のどれかが 0 の場合。例えば $b = 0$ としてみよう。

このときは，$ad - bc = 0$ から，$ad = 0$ ということになり，したがって $a = 0$ または $d = 0$ である。しかし，$a = 0$ とすると $ax + by = p$ の左辺はナンセンスな式となってしまうから，$a = 0$ ということはない。したがって $d = 0$ である。そうすると方程式は

$$\begin{cases} ax = p \\ cx = q \end{cases}$$

ということになり，この式の表す図形は，x 軸に垂直な二つの直線で，上と同様に，平行，または一つの直線を表すことになる。

練習問題

1 次の行列の逆行列を求めよ。

(1) $\begin{bmatrix} -1 & 3 \\ 2 & -5 \end{bmatrix}$ (2) $\begin{bmatrix} 7 & -2 \\ 10 & -3 \end{bmatrix}$

2 $A = \begin{bmatrix} 3 & 4 \\ 5 & 7 \end{bmatrix}, B = \begin{bmatrix} 7 & -2 \\ 10 & -3 \end{bmatrix}$ とするとき，
$AX = B$ を満たす行列 X を求めよ。

3 次の連立1次方程式を，逆行列を利用して解け。

(1) $\begin{cases} 2x + 3y = -7 \\ 3x + 5y = 4 \end{cases}$ (2) $\begin{cases} -3x + 6y = 51 \\ 8x + 4y = 24 \end{cases}$

4 $A = \begin{bmatrix} 2 & 1 & 1 \\ 1 & 3 & -2 \\ 1 & -2 & 1 \end{bmatrix}$ のとき， $A^{-1} = \begin{bmatrix} 0.1 & 0.3 & 0.5 \\ 0.3 & -0.1 & -0.5 \\ 0.5 & -0.5 & -0.5 \end{bmatrix}$

であることを確かめ，次の連立1次方程式の解を求めよ。

$$\begin{cases} 2x + y + z = 10 \\ x + 3y - 2z = -10 \\ x - 2y + z = 4 \end{cases}$$

5 $A = \begin{bmatrix} 5 & 4 & 3 & 2 \\ 2 & 3 & -4 & -5 \\ -3 & -2 & 1 & -3 \\ 3 & 1 & -3 & 4 \end{bmatrix}$ のとき，

$A^{-1} = \begin{bmatrix} 0.6 & 0.05 & 1.85 & 1.15 \\ -0.52 & 0.04 & -2.12 & -1.28 \\ 0.16 & -0.07 & 0.21 & -0.01 \\ -0.2 & -0.1 & -0.7 & -0.3 \end{bmatrix}$

であることを確かめ，次の連立1次方程式の解を求めよ。

$$\begin{cases} 5x + 4y + 3z + 2u = 5 \\ 2x + 3y - 4z - 5u = 10 \\ -3x - 2y + z - 3u = 2 \\ 3x + y - 3z + 4u = 2 \end{cases}$$

産業連関問題　8

　一国を支える産業には，非常に多くの部門がある。それらの産業部門は，独立に生産を行っているのでなく，一つの産業は他の産業から生産物を購入し，その産業での生産物は他の産業で用いられて，相互に関連し合って，生産活動が行われる。もっと局所的な観点に立って，いくつかの産業の間でも，事情は同じである。

　各産業は，生産物をつくり，それが他の産業で使われ，また，一般消費，投資，輸出などに用いられる。そして，その製品を売ることによって，従業員の賃金を払い，また債務の返済や投資にあてる。

　このような有機的な産業活動を全体として眺め，効果的な生産活動を見いだすために，産業連関表が用いられる。

8.1 産業連関問題

　産業の諸部門は，それぞれ独立に生産を行っているのでなく，一つの産業は他の産業から生産物を購入し，その産業での生産物は他の産業で用いられて，相互に関連し合って，生産活動が行われる。これらの生産物は，それらの産業間で消費されてしまうもののほかに，一般消費，投資，輸出などに用いられる部分が，生産活動としては，重要である。この部分は，最終需要とよばれる。

　p.158, p.159 には，総務省統計局によって作成された，国全体の産業についての産業構造の表がある。この表では，左の部門欄に示されているように，産業部門が，13 の項目に分類して記載されている（財・サービスの流れについては図 8.1 参照）。そして，左の部門欄で示されている産業部門の生産品が，上の部門欄で示されている産業部門で，どれだけ使われているかが表示されている。

　この表では，横に見ていくと，一つの産業部門で生産したものがどの産業部門でどれだけ使われるかがわかる。また，縦に見ていくと，一つの産業部門は，どれだけのものを他の産業部門に負っているかがわかる。

　p.158, p.159 では，国の産業全体についての表を見たが，産業全体でなく，産業の一部分をとって考えても，これらの関係を議論することはできるし，また，一つの企業内でも，各部門が独立採算制をとっているところでは，同じ考えがあてはまる。

　一つの産業が生産したものを産出といい，それが他の産業で用いられることを投入という。一つの産業部門における産出は，他の産業部門への投入，これを中間需要とよぶが，それと，残りの部分の和になる。この残りの部分は，上述のように，一般消費，ここに対象としている産業以外の産業への供給，投資，輸出などに用いられるものであり，これを最終需要という。

　この，投入，産出の全体像は，投入産出表として示される。この表は，また産業の連関を示すものであるから，産業連関表ともよばれる（表 8.1，図

8.1 産業連関問題

8.1)。

投入産出表は，本来の意味からいうと，自動車なら何台，鉄鋼なら何 t，というように，それぞれの産業の実体に応じた固有の物量単位で記載するのが理想である。しかし，特にそのような表示を求めて記載するのでない限り，通常は生産高の金額表示のデータしか得られない。以下では，主に，金額表示で扱っていくが，物量表示の問題も，一部，取り上げる。

ボックス 8.1　経済と産業の相互依存の網の目をどう解くか

だれもが知っているとおり，現代の諸産業は，相互に取引関係を結びながら生産活動を営み，複雑な相互依存関係の網の目を通じてつながっています。それだけではなく，産業のいとなむ生産の活動は，一方では，国民経済の需要の構成いかんに左右されます。また他方，賃金・利潤など所得の形成や分配の姿に影響を与えます。こうしたわけで，産業間のつながりによる「(イ)生産面の活動」は，一方では「(ロ)支出面の需要の品目構成」，他方では「(ハ)分配面の所得の部門構成」の両面に密接に結びつきながら，国民経済を構成しています。そしてこれが，全体として一国の産業構造の型を方向づけているわけです。

産業連関分析の中心的な物の見方は，こうした関連のうち，とりわけ(イ)の生産活動を通じる諸産業間の生産技術的な連結関係を正面にうちだし，この関係を(ロ)の支出面の需要構成と(ハ)の分配面の所得形成に結びつけて，国民経済の構造を，経済循環という**かたち**の面と，その動きという**はたらき**の面との，両面からとらえるところにあります。

(宮沢健一編『産業連関分析入門』日経文庫より)

158　　　　　　　　　　第 8 章　産業連関問題

表8.1　平成 17 年（2005 年）産業連関表

		中　　間　　需　　要										
		01	02	03	04	05	06	07	08	09	10	11
		農林水産業	鉱業	製造業	建設	電力・ガス・水道	商業	金融・保険	不動産	運輸	情報通信	公務
中間投入	01 農林水産業	16616	5	77991	879	0	93	0	1	19	0	21
	02 鉱業	6	29	126354	4966	33025	0	0	0	46	0	4
	03 製造業	25619	652	1317012	179542	20032	34859	13239	1416	67642	27313	28772
	04 建設	657	65	11980	1439	12779	6517	1640	30477	5058	2334	5882
	05 電力・ガス・水道	1120	305	56680	2629	18912	20499	2163	2198	9595	4406	12653
	06 商業	5218	251	176185	41215	5447	18399	2649	632	16352	7108	5853
	07 金融・保険	2263	700	38440	9378	7101	57076	44789	37985	22202	6362	1263
	08 不動産	45	78	6207	1604	1800	28797	5698	3780	7494	8976	363
	09 運輸	6324	2615	84175	33453	7870	54601	8206	1490	59230	11023	11960
	10 情報通信	372	113	24882	7621	5491	42238	23401	1379	6050	48079	13407
	11 公務	0	0	0	0	0	0	0	0	0	0	0
	12 サービス	2042	575	211726	51698	24523	65224	48095	14576	67810	67580	21195
	13 分類不明	1817	121	9730	4942	1078	6291	1078	2363	2526	4882	113
	内生部門計	62098	5508	2141362	339365	138057	334595	150959	96297	264023	188062	101489
粗付加価値	家計外消費支出	704	536	45087	9902	4801	24695	11266	1876	8849	23025	5449
	雇用者所得	11709	1862	471950	222668	47132	420688	115771	21292	147416	123674	161814
	営業余剰	39455	701	137583	5884	23464	198765	85014	290095	27370	47273	0
	資本減耗引当	13301	831	140184	34508	42818	62958	44957	216488	39749	61370	115561
	間接税（除関税）	5734	665	137096	21915	16161	38062	19015	36772	21825	16033	1066
	（控除）経常補助金	−1387	−20	−2874	−3019	−2588	−734	−11114	−761	−1787	−77	0
	粗付加価値部門計	69516	4575	929026	291857	131789	744434	264909	565762	243421	271298	283890
国	内生産額	131614	10083	3070388	631222	269845	1079029	415868	662059	507444	459360	385379
参考	国内純生産（要素費用）	51164	2563	609533	228551	70596	619453	200785	311387	174786	170947	161814
	国内総生産	68811	4039	883939	281956	126988	719739	253643	563886	234572	248273	278441

8.1 産業連関問題

速報（生産者価格評価表（13部門））

12 サービス	13 分類不明	内生部門計	家計外消費支出	民間消費支出	一般政府消費支出	国内総固定資本形成	在庫純増	輸出計	最終需要計	需要合計	[控除] 輸入計	国内生産額	[参考] 国内総支出
13024	0	108650	800	34813	0	1981	7157	632	45383	154034	−22420	131614	22164
107	13	164551	−71	−81	0	−84	−978	348	−866	163685	−153602	10083	−154397
262731	4647	1983474	29532	569752	3351	349913	11469	567104	1531121	3514596	−444208	3070388	1057381
12369	0	91197	0	0	0	540025	0	0	540025	631222	0	631222	540025
48173	773	180107	64	83082	6345	0	0	410	89901	270008	−162	269845	89675
91137	821	371267	27677	475423	62	124025	2021	85601	714808	1086075	−7046	1079029	680085
44065	23270	294834	3	119417	0	0	0	6546	125965	420860	−4992	415868	120971
17452	135	82429	0	579236	371	0	0	37	579645	662074	−15	662059	579630
42874	1988	325809	4705	148821	−748	8029	749	56753	218308	544117	−36673	507444	176931
92992	1284	267308	1748	109577	359	84086	−115	2837	198491	465798	−6439	459360	190304
0	11097	11097	0	7866	366416	0	0	0	374282	385379	0	385379	374282
154049	3430	732522	109684	693481	534260	28100	0	20115	1385640	2118162	−44311	2073851	1231645
10289	0	45230	0	178	0	0	0	2811	2989	48219	−6295	41924	−3306
789264	47457	4658535	174141	2821566	910416	1136074	20304	743193	5805693	10464228	−726163	9738065	4905390
37566	385	174141											
842170	1068	2589212											
159198	−11782	1003021											
195857	4356	972939											
60495	447	375285											
−10698	−6	−35067											
1284587	−5533	5079531											
2073851	41924	9738065											
1001368	−10714	3592233											
1247021	−5918	4905390											

（単位：億円）

(注) 1 四捨五入の関係で内訳は必ずしも合計と一致しない。
2 各取引額は，消費税込みである。外生部門（最終需要，粗付加価値）における消費税等の扱いは以下のとおりである。
(1) 国内総固定資本形成，在庫純増には，消費税投資控除税額が含まれている。
また，輸出には消費税の輸出免税相当額が含まれている。
(2) 間接税には，消費税が含まれているが，関税及び輸入品商品税は含まれていない。
3 国内総生産，国内純生産（要素費用）及び国内総支出は，産業連関表上計算されたものであり，国民経済計算の公表値とは異なる。

(出所) 総務省統計局 HP（平成 17 年（2005 年）産業連関速報からみた日本経済）

第8章 産業連関問題

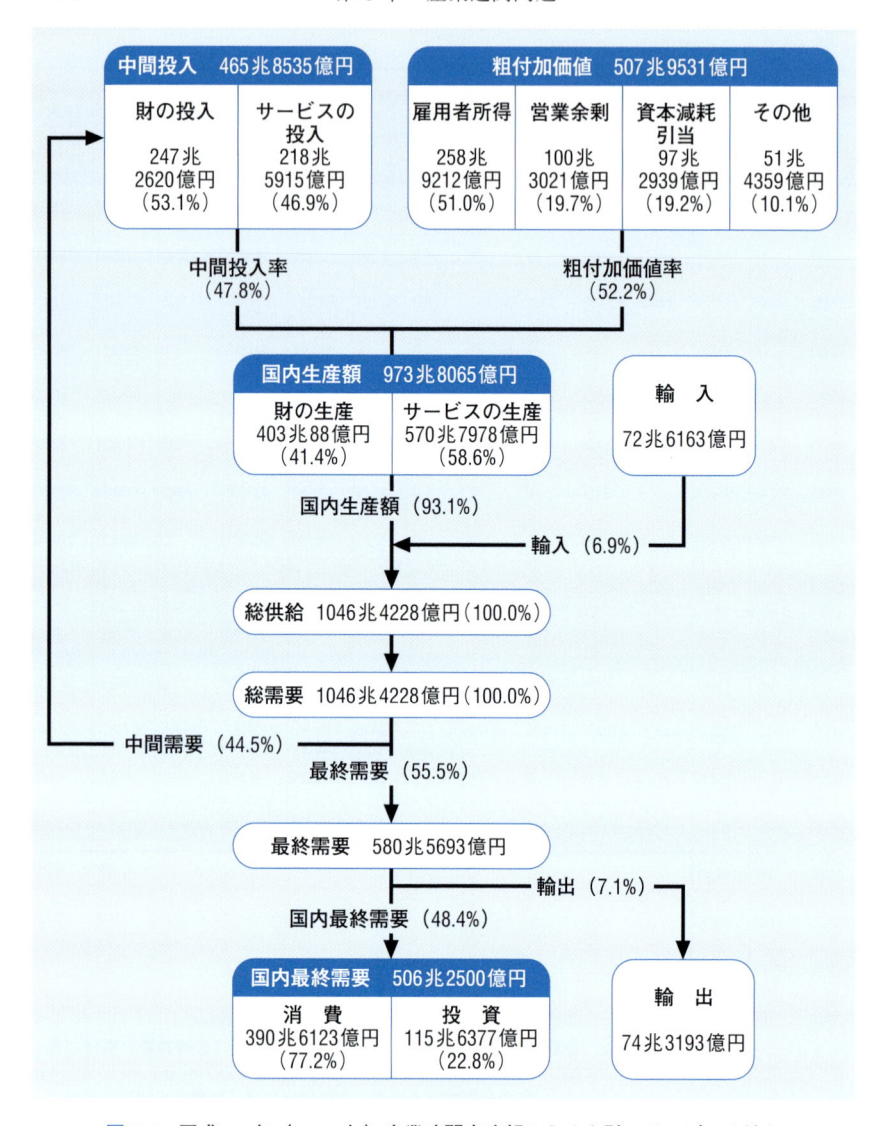

```
┌─────────────────────────────┐  ┌───────────────────────────────────────────────┐
│ 中間投入  465兆8535億円      │  │ 粗付加価値  507兆9531億円                      │
├──────────────┬──────────────┤  ├────────┬────────┬────────┬────────┤
│ 財の投入     │ サービスの    │  │ 雇用者   │ 営業余剰 │ 資本減耗 │ その他  │
│              │ 投入         │  │ 所得    │         │ 引当    │        │
│ 247兆        │ 218兆        │  │ 258兆   │ 100兆   │ 97兆    │ 51兆   │
│ 2620億円     │ 5915億円     │  │ 9212億円│ 3021億円│ 2939億円│ 4359億円│
│ (53.1%)      │ (46.9%)      │  │ (51.0%) │ (19.7%) │ (19.2%) │ (10.1%)│
└──────────────┴──────────────┘  └────────┴────────┴────────┴────────┘
```

中間投入率 (47.8%) 　粗付加価値率 (52.2%)

```
┌─────────────────────────────┐       ┌──────────────┐
│ 国内生産額  973兆8065億円    │       │ 輸 入        │
├──────────────┬──────────────┤       │              │
│ 財の生産     │ サービスの生産│       │ 72兆6163億円 │
│ 403兆88億円  │ 570兆7978億円│       │              │
│ (41.4%)      │ (58.6%)      │       └──────────────┘
└──────────────┴──────────────┘
```

国内生産額 (93.1%)　　輸入 (6.9%)

総供給 1046兆4228億円 (100.0%)

総需要 1046兆4228億円 (100.0%)

中間需要 (44.5%)　　最終需要 (55.5%)

最終需要 580兆5693億円

国内最終需要 (48.4%)　　輸出 (7.1%)

```
┌─────────────────────────────┐       ┌──────────────┐
│ 国内最終需要  506兆2500億円  │       │ 輸 出        │
├──────────────┬──────────────┤       │              │
│ 消 費        │ 投 資        │       │ 74兆3193億円 │
│ 390兆6123億円│ 115兆6377億円│       │              │
│ (77.2%)      │ (22.8%)      │       └──────────────┘
└──────────────┴──────────────┘
```

図8.1 平成17年(2005年)産業連関表速報からみた財・サービスの流れ

(注) 1 34部門分類表による。「財」は01〜20, 33の,「サービス」は21〜32, 34の合計である。
2 四捨五入の関係で,内訳は必ずしも合計と一致しない。( )は,構成比を示す。
3 ここで「消費」とは,家計外消費支出,民間消費支出及び一般政府消費支出をいい,「投資」とは国内総固定資本形成及び在庫純増をいう。

(出所) 総務省統計局HP(平成17年(2005年)産業連関表速報からみた日本経済)

8.2 投入産出表

一つの例として，次のものを考えよう。

ある年の，農林水産部門と，工業部門の投入産出表は，表 8.2 のようになった。

投入部門を，横に，各産業部門と最終需要を加えたものは，総生産高となる。

産出部門を，縦に加えたものは，各産業部門が，表内の他の産業部門からの生産物を購入した費用である。他にも，表の中にない産業部門からの生産物（水道，電力，ガスなども含めて）を購入する必要もあるであろうし，従業員の賃金，借入金の支払い，利子の支払い，将来への投資などの費用もいる。それらを一括して，付加価値とよぶ。そして，それらの全体の合計が，右側に示した総生産高と一致する。

表 8.2 投入産出表 (1)

投入＼産出	農林水産	工業	最終需要	総生産高
農林水産	25	120	55	200
工業	30	720	450	1200
付加価値	145	360	(単位：1,000 億円)	
合計	200	1200		

産業部門を，$A_1, A_2, \cdots, A_n$ とし，これを次のように配列した表を作る。これを，投入産出表，あるいは産業連関表という（表 8.3）。

表 8.3 投入産出表のしくみ

投入＼産出	A_1	A_2	$\cdots$	A_n	最終需要	総生産高
A_1	x_{11}	x_{12}	$\cdots$	x_{1n}	c_1	X_1
A_2	x_{21}	x_{22}	$\cdots$	x_{2n}	c_2	X_2
$\vdots$	$\vdots$	$\vdots$	$\ddots$	$\vdots$	$\vdots$	$\vdots$
A_n	x_{n1}	x_{n2}	$\cdots$	x_{nn}	c_n	X_n

ここで，この行列の ij 要素 x_{ij} は，産業部門 A_i で生産されたものの産業部門 A_j への売り渡し量を示し，c_i は最終需要で，これらを横に加えた X_i は，産業部門 A_i での総生産高（金額表示）である．

$$x_{i1} + x_{i2} + \cdots + x_{in} + c_i = X_i \qquad (i = 1, 2, \cdots, n)$$

問 8.1 表 8.4 の投入産出表を完成せよ．表中，次の省略表記を用いた．
I= 投入（Input），O= 産出（Output），FD= 最終需要（Final Demand），TP= 総生産高（Total Product），VA= 付加価値（Value Added）

表8.4 問 8.1 の投入産出表

I\O	A	B	FD	TP
A	30		30	100
B		20	30	80
VA				
TP	100	80		

I\O	A	B	FD	TP
A	110	40		
B	50	20		
VA		40		
TP	200			

I\O	A	B	FD	TP
A	150	240		500
B			350	
VA	100			
TP		1500		

I\O	A	B	FD	TP
A	30	20	50	
B			50	100
VA	40			
TP				

8.3 投入係数

投入産出表において，投入部門のそれぞれに対して，総生産高で各産出部門への投入量を割ったものを**投入係数**という。

投入産出表**表 8.5**

表 8.5 投入産出表 (2)

投入＼産出	第 1 部門	第 2 部門	最終需要	総生産高
第 1 部門	25	120	55	200
第 2 部門	30	720	450	1200

において，投入係数を計算してみよう。計算の結果は次の**表 8.6** のようになる。

表 8.6 計 算 結 果

$25 \div 200 = 0.125$	$120 \div 1200 = 0.1$
$30 \div 200 = 0.15$	$720 \div 1200 = 0.6$

これらが，投入係数となる。

そして，投入係数行列は

$$A = \begin{bmatrix} 0.125 & 0.1 \\ 0.15 & 0.6 \end{bmatrix}$$

である。

そうすると，この投入係数行列を総生産高 $\begin{bmatrix} 200 \\ 1{,}200 \end{bmatrix}$ に乗ずれば，

$$\begin{bmatrix} 0.125 & 0.1 \\ 0.15 & 0.6 \end{bmatrix} \begin{bmatrix} 200 \\ 1{,}200 \end{bmatrix}$$
$$= \begin{bmatrix} 0.125 \times 200 + 0.1 \times 1{,}200 \\ 0.15 \times 200 + 0.6 \times 1{,}200 \end{bmatrix}$$
$$= \begin{bmatrix} 25 + 120 \\ 30 + 720 \end{bmatrix} = \begin{bmatrix} 200 - 55 \\ 1{,}200 - 450 \end{bmatrix}$$

となる。

投入産出表**表 8.7**

投入＼産出	A_1	A_2	$\cdots$	A_n	最終需要	総生産高
A_1	x_{11}	x_{12}	$\cdots$	x_{1n}	c_1	X_1
A_2	x_{21}	x_{22}	$\cdots$	x_{2n}	c_2	X_2
$\vdots$	$\vdots$	$\vdots$	$\ddots$	$\vdots$	$\vdots$	$\vdots$
A_n	x_{n1}	x_{n2}	$\cdots$	x_{nn}	c_n	X_n

表 8.7 投入産出表 (3)

において，

$$a_{ij} = \frac{x_{ij}}{X_j} \qquad (i,j = 1, 2, \cdots, n)$$

とおく．

j 列目は，産出部門 A_j に関する部分である．産出部門 A_j での総生産高は X_j であり，それだけのものを生産するために，投入部門 A_i から金額表示で x_{ij} だけのものが投入されている．したがって，a_{ij} は，産出部門 A_j において，金額表示で 1 単位のものを生産するために，産出部門 A_i から投入された金額の割合である．これが**投入係数**である．

$$A = \begin{bmatrix} a_{11} & a_{12} & \cdots & a_{1n} \\ a_{21} & a_{22} & \cdots & a_{2n} \\ \vdots & \vdots & \ddots & \vdots \\ a_{n1} & a_{n2} & \cdots & a_{nn} \end{bmatrix}$$

を**投入係数行列**という．

問 8.2 表 8.8 の投入産出表から，投入係数を求め，投入係数行列を作れ．また，この行列を，総生産高のベクトルに掛けてみよ．

表 8.8 投入産出表 (4)

投入＼産出	第 1 部門	第 2 部門	第 3 部門	最終需要	総生産高
第 1 部門	15	120	150	15	300
第 2 部門	90	20	270	20	400
第 3 部門	75	78	102	345	600

8.4 レオンティエフの基本方程式

いま右の投入産出表を考えよう（表 8.9）。

表 8.9 数値例 (3)

投入＼産出	第 1 部門	第 2 部門	最終需要	総生産高
第 1 部門	120	816	64	1000
第 2 部門	750	850	100	1700

投入係数行列は，$A = \begin{bmatrix} 0.12 & 0.48 \\ 0.75 & 0.5 \end{bmatrix}$

そして，総生産高（のベクトル）は，$X = \begin{bmatrix} 1,000 \\ 1,700 \end{bmatrix}$

最終需要（のベクトル）は，$c = \begin{bmatrix} 64 \\ 100 \end{bmatrix}$ である。

そうすると，次のようになっている。

$$AX = \begin{bmatrix} 0.12 & 0.48 \\ 0.75 & 0.5 \end{bmatrix} \begin{bmatrix} 1,000 \\ 1,700 \end{bmatrix} = \begin{bmatrix} 120 + 816 \\ 750 + 850 \end{bmatrix} = \begin{bmatrix} 1,000 - 64 \\ 1,700 - 100 \end{bmatrix}$$
$$= X - c$$

これから，$X - AX = c$　すなわち　$(I - A)X = c$　である。
したがって，$X = (I - A)^{-1} c$

これを使うと，逆に最終需要の量から総生産高を定めることができる。

$$I - A = \begin{bmatrix} 0.88 & -0.48 \\ -0.75 & 0.5 \end{bmatrix}$$

$$(I - A)^{-1} = \frac{1}{0.88 \times 0.5 - (-0.75) \times (-0.48)} \begin{bmatrix} 0.5 & 0.48 \\ 0.75 & 0.88 \end{bmatrix}$$
$$= \begin{bmatrix} 6.25 & 6 \\ 9.375 & 11 \end{bmatrix}$$

したがって，

$$(I - A)^{-1} c = \begin{bmatrix} 6.25 & 6 \\ 9.375 & 11 \end{bmatrix} \begin{bmatrix} 64 \\ 100 \end{bmatrix} = \begin{bmatrix} 1,000 \\ 1,700 \end{bmatrix} = X$$

投入係数 a_{ij} に対して，$x_{ij} = a_{ij} X_j$ であるから，

$$a_{i1}X_1 + a_{i2}X_2 + \cdots + a_{in}X_n$$
$$= x_{i1} + x_{i2} + \cdots + x_{in}$$
$$= X_i - c_i$$

となる。

行列で表現すれば，

$$\begin{bmatrix} a_{11} & a_{12} & \cdots & a_{1n} \\ a_{21} & a_{22} & \cdots & a_{2n} \\ \vdots & \vdots & \ddots & \vdots \\ a_{n1} & a_{n2} & \cdots & a_{nn} \end{bmatrix} \begin{bmatrix} X_1 \\ X_2 \\ \vdots \\ X_n \end{bmatrix} = \begin{bmatrix} X_1 \\ X_2 \\ \vdots \\ X_n \end{bmatrix} - \begin{bmatrix} c_1 \\ c_2 \\ \vdots \\ c_n \end{bmatrix}$$

である。

$$X = \begin{bmatrix} X_1 \\ X_2 \\ \vdots \\ X_n \end{bmatrix} \quad \text{は，総生産高を表す行列} \quad \cdots \quad \text{ベクトル}$$

$$c = \begin{bmatrix} c_1 \\ c_2 \\ \vdots \\ c_n \end{bmatrix} \quad \text{は，最終需要を表す行列} \quad \cdots \quad \text{ベクトル}$$

とすれば，上の式は，

$$AX = X - c$$

となり，移項して，

$$X - AX = c$$

すなわち，

$$(I - A)X = c$$

となる。

この式を**レオンティエフ（Leontief）の基本方程式**という。

8.5 レオンティエフの基本方程式の応用

レオンティエフの基本方程式を使って，いろいろな分析がなされる。

中間需要は，各産業の生産活動を支えるもので重要であるが，最終需要は，民需，その他，われわれの生活に直接かかわってくるものである。

レオンティエフの基本方程式で表される生産の関連は，線形モデルで，これは単純な比例関係を想定している。すなわち，投入量が 2 倍，3 倍となれば，生産量も 2 倍，3 倍となるということである。しかし，実際には，設備，労働力等の関係で，そのようにはいかないであろう。

しかしながら，そのような劇的な変化は通常考える必要はない。生産量を 1 割増し，2 割増し，すなわち，1.1 倍，1.2 倍位にする程度のことであろうから，そのようなときには，上の仮定は許される。このことは「規模に関して収穫が一定」という言い方で表現される。

また，生産工程はそんなに変化するわけのものではないので，製品 1 単位を作るために，産業部門 A_j が産業部門 A_i から産出されたものを購入する費用 a_{ij} は，基本的には不変（数年というような短い期間では）と考えられる。そこで，最終需要が想定されるとき，それに見合った生産活動をするためには，レオンティエフの基本方程式を解いて，生産量 $X_1, X_2, \cdots, X_n$ をきめ，$x_{ij} = a_{ij} X_j$ によって産業部門 A_i から産業部門 A_j への投入量をきめればよいことになる。

生産量は，

$$(I - A)^{-1} c = X$$

という形で定められる。

一般には，逆行列は簡単に求められないので，コンピュータを用いなければならないであろう。

例題 8.1 8.4 節のはじめの投入産出の表において最終需要のベクトルを $c = \begin{bmatrix} 80 \\ 120 \end{bmatrix}$ とするには，総生産高をどのようにすればよいか．

このためには，前ページに述べたことから，

$$X = (I-A)^{-1}c$$
$$= \begin{bmatrix} 6.25 & 6 \\ 9.375 & 11 \end{bmatrix} \begin{bmatrix} 80 \\ 120 \end{bmatrix} = \begin{bmatrix} 1220 \\ 2070 \end{bmatrix}$$

とすることになる．

そうすると，投入係数行列の第 1, 2 列にそれぞれ 1220, 2070 を乗じて，

$$\begin{bmatrix} 0.12 \times 1220 & 0.48 \times 2070 \\ 0.75 \times 1220 & 0.5 \times 2070 \end{bmatrix} = \begin{bmatrix} 146.4 & 993.6 \\ 915 & 1035 \end{bmatrix}$$

これによって，新しい投入産出表は，表 8.10 のようになる．

表 8.10 新しい投入産出表

投入＼産出	第 1 部門	第 2 部門	最終需要	総生産高
第 1 部門	146.4	993.6	80	1220
第 2 部門	915	1035	120	2070

よくある一つの問題としては，最終需要 c に Δc だけの変化を与えようとするには，生産量 X にどれだけの変化 ΔX を与えればよいか，ということである．

このためには，

$$(I-A)^{-1}(c + \Delta c) = X + \Delta X$$

であるから，上の式と併せて，

$$(I-A)^{-1}\Delta c = \Delta X$$

によって，ΔX をきめればよいことになる．

例題 8.2 次の投入産出表を考えよう（表 8.11）。

表 8.11 例題 8.2 の投入産出表

投入＼産出	第 1 部門	第 2 部門	最終需要	総生産高
第 1 部門	40	25	35	100
第 2 部門	20	25	55	100
雇　用	400 万人	500 万人		900 万人

いま，第 1 部門，第 2 部門の最終需要が 20 % ずつ上昇したとするならば，経済全体として，何人の雇用量が増大するかを求めてみよう。

ただし，雇用量は総生産高に比例するものとする。

投入係数行列は，$A = \begin{bmatrix} 0.4 & 0.25 \\ 0.2 & 0.25 \end{bmatrix}$

$I - A = \begin{bmatrix} 0.6 & -0.25 \\ -0.2 & 0.75 \end{bmatrix}$ 　　 $(I - A)^{-1} = \begin{bmatrix} 1.875 & 0.625 \\ 0.5 & 1.5 \end{bmatrix}$

$\Delta c = \begin{bmatrix} 35 \times 0.2 \\ 55 \times 0.2 \end{bmatrix} = \begin{bmatrix} 7 \\ 11 \end{bmatrix}$

$\therefore \quad \Delta X = (I - A)^{-1} \Delta c = \begin{bmatrix} 1.875 & 0.625 \\ 0.5 & 1.5 \end{bmatrix} \begin{bmatrix} 7 \\ 11 \end{bmatrix} = \begin{bmatrix} 20 \\ 20 \end{bmatrix}$

雇用量は，$400 \times \dfrac{20}{100} + 500 \times \dfrac{20}{100} = 180$ だけ増加する。

8.6 付加価値

投入産出表において，産出部門 A_j の欄を縦に加えたものは，産出部門 A_j における生産に対して，他の産出部門からの生産物を購入した費用である。その合計を総生産高から引いたものは，**付加価値**といわれる（表 8.2 参照）。

付加価値は，表外の産業部門からの物資の購入，輸入品の購入などにあてられる他，重要な部分として，従業員への賃金の支払いがある。また，債務の返済，借入金の利息の支払いなども重要である。そして残りは企業の利潤として，投資に用いられる。これら賃金等々は，分析のための必要に応じて，別々の欄として記載するのがよいこともある。

8.7 物量表示の投入産出表

今まで，投入産出表は金額で表示したものを考えてきた。しかし各産業部門は，それぞれの産業の生産物の固有の物量単位をもっている。例えば，鉄鋼業ならば t，自動車産業ならば台，電力ならば kW 時，というような単位である。この物量による表示を使って投入産出表をつくることもできる。

一例として，鉄鋼，電力，自動車からなる投入産出表をあげてみよう（表8.12）。

表 8.12 数値例（4）

投入＼産出	鉄鋼	電力	自動車	最終需要	総生産量
鉄 鋼	40	40	70	50	200（万 t）
電 力	50	20	80	100	250（万 kW 時）
自動車	10	10	20	160	200（万台）

ここで，各製品 1 単位の価格を与えれば，金額表示の投入産出表ができる。例えば，上の表で，各製品の価格が次のように与えられていたとする。

鉄　鋼　1 万 t　当たり　　　　3 億円
電　力　1 万 kW 時　当たり　　2 億円
自動車　1 万台　当たり　　　　5 億円

これは生産品の価格であるから，金額の表にすると（表 8.13），

表 8.13 計 算

投入＼産出	鉄鋼	電力	自動車	最終需要	総生産高
鉄 鋼	40×3	40×3	70×3	50×3	200×3（億円）
電 力	50×2	20×2	80×2	100×2	250×2（億円）
自動車	10×5	10×5	20×5	160×5	200×5（億円）

すなわち，

表 8.14 金額表示の投入産出表

投入＼産出	鉄鋼	電力	自動車	最終需要	総生産高
鉄 鋼	120	120	210	150	600（億円）
電 力	100	40	160	200	500（億円）
自動車	50	50	100	800	1000（億円）

8.7 物量表示の投入産出表

となる (表 8.14)。これは，金額表示による投入産出表となる。

次に，物量単位による投入産出表から投入係数表を作った場合の処理について考えよう。

物量表示の投入産出表から投入係数 a_{ij} を計算した場合，投入係数は，製品 1 単位についての他の産出部門からの投入の単位数を示したものになる。

そこで，いま，産出部門 A_j における製品 1 単位の価格を p_j とすれば，産出部門 A_j で 1 単位の生産に対し，投入を必要とされる価格は，

$$p_1 a_{1j} + p_2 a_{2j} + \cdots + p_n a_{nj}$$

であり，これによって，製品 1 単位に対する付加価値は，

$$v_j = p_j - (p_1 a_{1j} + p_2 a_{2j} + \cdots + p_n a_{nj})$$

である。

したがって，付加価値のベクトルは，行ベクトルとして，

$$[v_1\ v_2\ \cdots\ v_n]$$

$$= [p_1\ p_2\ \cdots\ p_n] - [p_1\ p_2\ \cdots\ p_n] \begin{bmatrix} a_{11} & a_{12} & \cdots & a_{1n} \\ a_{21} & a_{22} & \cdots & a_{2n} \\ \vdots & \vdots & \ddots & \vdots \\ a_{n1} & a_{n2} & \cdots & a_{nn} \end{bmatrix}$$

すなわち，

$$v = p - pA = p(I - A)$$

と表される。

この形での分析にあたっては，レオンティエフの基本方程式は，

$$v = p(I - A)$$

となり，

$$p = v(I - A)^{-1}$$

によって解を求めることになる。

これは，すなわち，付加価値をあらかじめ設定した水準にするには，製品価格をいくらにすればよいか，ということの決定になる。

練習問題

1 表 8.15 の投入産出表で，輸入は総生産高に比例するとする。

表8.15 練習問題1の投入産出表

投入＼産出	第1部門	第2部門	最終需要	総生産高
第1部門	50	20	30	100
第2部門	25	50	25	100
輸　入	10	5		

(単位：億円)

もし，最終需要が，それぞれの部門で 100 億円ずつ増大したならば，輸入量は全体としてどれだけ増大するか。

2 ある国の総合産業連関表が，次の表 8.16 のように与えられているとする。

表8.16 総合産業連関表

投入＼産出	第1次産業	第2次産業	第3次産業	最終需要	総生産高
第1次産業	62	12	44	82	200
第2次産業	14	114	68	104	300
第3次産業	60	60	120	160	400

このとき，投入係数行列 A に対して，$(I-A)^{-1}$ は次のようになることを確かめよ（コンピュータが使えるときは，この逆行列を求めてみよ。また，それができないときは，行列 $I-A$ と，下に与えた行列の積を作ってみて，このことを確かめよ）。

$$(I-A)^{-1} = \begin{bmatrix} 1.6 & 0.2 & 0.3 \\ 0.4 & 1.8 & 0.5 \\ 0.8 & 0.6 & 1.7 \end{bmatrix}$$

そして，産業別の最終需要が，それぞれ 10, 20, 30 増加したときは，国全体の産出額をいくら増加させればよいか，求めよ。

3 表 8.17 の物量表示による産業連関表を考える。

表8.17 物量表示による産業連関表

投入＼産出	第1部門	第2部門	最終需要	総生産高
第1部門	28	44	28	100
第2部門	40	20	40	100

いま，第 1 部門，第 2 部門における付加価値が，ともに 100 億円であるようにするには，それぞれの部門における製品価格をいくらに定めればよいか。

線形計画法 9

　生産活動を，十分な合理性をもって作られた計画のもとに行おうというのが生産計画で，そのための数学的方法は，数理計画とよばれる。

　生産には，いろいろな制約がある。労働力，機械設備のこともあるし，生産のための時間，原料購入の資金，原料の流通，生産品の市場条件などさまざまあり得る。

　一方，生産の目的は，利潤をあげることである。が，公害を減らす，CO_2排出量を減らす，なども目的となる。

　制約条件のもとに，目的値を最大，あるいは最小にする。それを最適化という。

　線形計画法は，数理計画法の中で，最も単純なものである。

9.1 数理計画

　一つの工場で生産を行うとき，一つの製品しか作らない，ということは，まずないであろう。いくつかの製品を同時に生産する。それらは，それぞれ，販売の価格も異なり，利潤も違ってくる。

　一方，それらの製品を作るためには，いろいろな資材を投入する。原材料，電力，水，燃料，その他，またその生産に投入する人力などである。これらの資材は，無尽蔵なものではなく，制約を受ける。時間的制約も重要な要素であろう。

　与えられた制約の中で製品を生産し，利潤を最大にする。これが，生産計画の一つの目標である。

　資材に対する制約や，製品から産み出される利潤を，数学的な関係でとらえ，最適解を求めて，そのための生産計画をたてる。これが**数理計画**とよばれるものである。

　いまは，一つの工場の生産について述べたけれども，鉄道，空港，ダムの建設，公共事業などの国家的規模の事業，また一つの企業内での事業，等々，いたるところで，数理計画は基本的な必要性をもっている。そしてまた，いろいろな事業で，生産活動以外の面でも応用される。

　このように，数理計画は，非常に多様性をもっている。

　これは，応用数学の大事な一分野として，研究がすすめられている。その分野は**オペレーションズ・リサーチ**（Operations Research）といわれるが，訳すれば，作戦研究，ということである。これは，はじめ，第2次世界大戦中，有効な作戦計画の研究として研究の開発がなされたことからつけられた名称であるが，長い名称なので，通常は **OR** といっている。

　この章では，数理計画の一番簡単なケースである線形計画を扱った。これは，計画の first approach として，どこでも利用可能であり，それゆえに利用価値の高いものである。

線形計画は，1 次不等式または 1 次方程式で与えられた制約条件のもとで，1 次式の形の目的関数の値を最大または最小にする，という問題である。生産計画，配分計画，輸送計画などについての種々の問題が，線形計画の問題として扱われる。

現実の場合としては，何を目的関数としてとらえるか，その計画に対して影響を与える要因は何か，どのようなことが制約条件として課せられるか，といったことを，その問題に関する専門的な知識，経験によって考えねばならない。

いったん問題が形式化されれば，あとは数学的に処理することとなる。

2 変数の場合には，グラフを描いて，解が求められる。以下では，まずその場合について調べよう。しかし，実際にこれが用いられる場面では，変数の数が非常に多いのが普通である。そのために，単体法という効率よい方法が考案されている。それを次に述べる。今日では，コンピュータの利用により，この方法で，解を得ることができる。

本書で述べるのは，原理だけを示した簡単なものである。実際には，もっと複雑なケースがいろいろ扱われる。

参考書 西田俊夫『BASIC 経営科学』現代数学社
坂和正和『経営数理システムの基礎』森北出版

9.2　1 次不等式

x, y の 1 次式は，$ax + by + c$ の形の式である。

そして，

$$ax + by + c = 0$$

という式は 1 次方程式，また不等号で結ばれた

$$ax + by + c > 0 \quad \text{あるいは} \quad ax + by + c < 0$$
$$\text{あるいは} \quad ax + by + c \geqq 0 \quad \text{あるいは} \quad ax + by + c \leqq 0$$

の形の式が **1 次不等式** である。

y の係数が 0 でないときは，これらの不等式は，
$$y > mx + n \quad \text{あるいは} \quad y < mx + n$$
$$\text{あるいは} \quad y \geqq mx + n \quad \text{あるいは} \quad y \leqq mx + n$$
の形に書き直すことができる。

xy 平面上で，1 次方程式 $y = mx + n$ は直線を表す。この直線は，点 (x, y) において，座標 x, y が，$y = mx + n$ を満たしているような点の集まりである。

1 次不等式 $y > mx + n$ は，点 (x, y) の座標 x, y において，y 座標 y が，$mx + n$ よりも大きな値であるということであるから，この不等式を満たしている点は，直線 $y = mx + n$ よりも上にある。したがって，

1 次不等式 $y > mx + n$ を満たす点 (x, y) の全体は，
直線 $y = mx + n$ よりも上側の xy 平面の部分

である。

$y < mx + n$ の場合には，下側の部分になる。$y \geqq mx + n$ の場合には，直線 $y = mx + n$ も含めた範囲になる。$y \leqq mx + n$ の場合も同様である。

連立不等式 ……不等式がいくつかあって，それらをともに満たす点の範囲が求められているときは，おのおのの不等式を満たす範囲の共通部分が，求める範囲になる。

例題 9.1 不等式 $2x + 3y - 6 \geqq 0$ を満たす点の範囲を図示せよ。

この不等式は，
$$y \geqq -\frac{2}{3}x + 2$$
と書けるから，図 9.1 の青いアミの部分である。

不等式 $2x - 3y - 6 \geqq 0$ は，$y \leqq \frac{2}{3}x - 2$
となるので，図 9.2 の青いアミの部分である。

9.2 1次不等式

いずれも，境界の直線を含んだ範囲である。

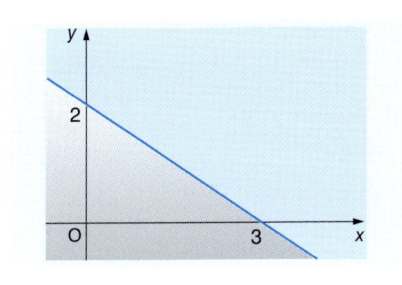

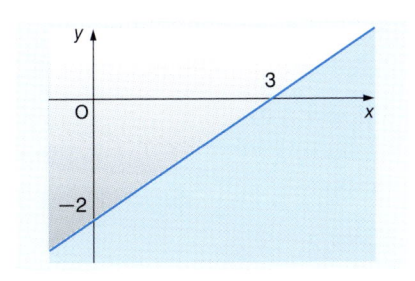

図 9.1 $y \geqq -\dfrac{2}{3}x + 2$

図 9.2 $y \leqq \dfrac{2}{3}x - 2$

例題 9.2 連立不等式
$$\begin{cases} 2x - y - 4 \leqq 0 & \cdots ① \\ x + 2y - 2 \geqq 0 & \cdots ② \end{cases}$$
を満たす点の範囲を図示せよ。

図 9.3 で，① の不等式を満たす青いアミの範囲 ① と，② の不等式を満たす青いアミの範囲 ② の共通部分（濃いアミの部分）となる。

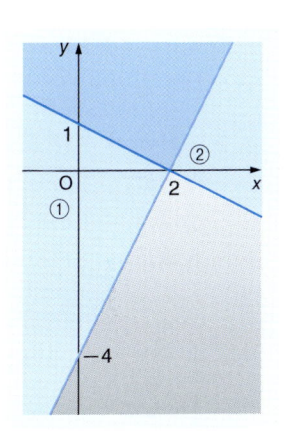

図 9.3 点の範囲

問 9.1 次の不等式を満たす点の範囲を図示せよ。

(1) $y < -2x + 1$ (2) $y \geqq x + 3$

問 9.2 次の連立不等式を満たす点の範囲を図示せよ。
$$\begin{cases} x - 3y \geqq -6 \\ 3x + 2y \leqq 12 \end{cases}$$

9.3 線形計画問題

まず，どのような問題を扱うか，具体的な問題で述べよう。

ある工場で，二つの製品 A, B を造ろうとしている。それぞれの製品 1 単位を生産するのに

製品 A は，　電力が 20 kW 時　水 6 t　人が 8 人
製品 B は，　電力が 15 kW 時　水 3 t　人が 12 人

必要であるとする。

いま，1 期間で，電力は 2,100 kW 時，水は 600 t，また人数は延べ 1,600 人までしか使えないとする。

1 単位についての利潤は，A が 40 万円，B が 25 万円であるとする。

このとき，1 期間内において最大の利潤を得ようとするには，A, B をどれだけ生産することにしたらよいであろうか。

いま，製品 A を x 単位，製品 B を y 単位造るとすると，

電力は，　$20x + 15y$ kW 時
水は，　　$6x + 3y$ t
人は，　　$8x + 12y$ 人

必要になるが，使用できる量の制限から，次の不等式が得られる。

$$\begin{cases} 20x + 15y \leq 2{,}100 \\ 6x + 3y \leq 600 \\ 8x + 12y \leq 1{,}600 \end{cases}$$

もちろん，これに $x \geq 0, y \geq 0$ という条件はついている。

A を x 単位，B を y 単位造ったときの利潤は，次の 1 次式で表される。

$40x + 25y$ 万円

目的は，この関数，すなわち目的関数の値を最大にすることである。

これが，線形計画の問題の最も基本的なスタイルである。

このように，1 次不等式で表された制約条件の下に，1 次式で表された目的関数を最大にする解を求める問題を<u>線形計画法</u>という。そして，目的関数を最大にする解を<u>最適解</u>という。

9.3 線形計画問題

例題 9.3 前ページの条件を表にしてみると，表 9.1 のようになる．これに対して，目的関数 $40x+25y$ を最大にする x, y を求めよう．

表9.1 条件の整理

	A	B	制約量
電力(kW 時)	20	15	2,100
水(t)	6	3	600
人	8	12	1,600

(1) 電力，水，人数に対する制限から，制約条件は，

$$\begin{cases} 20x + 15y \leq 2{,}100 \\ 6x + 3y \leq 600 \\ 8x + 12y \leq 1{,}600 \\ x \geq 0 \quad y \geq 0 \end{cases} \text{すなわち，} \begin{cases} 4x + 3y \leq 420 \\ 2x + y \leq 200 \\ 2x + 3y \leq 400 \\ x \geq 0 \quad y \geq 0 \end{cases}$$

となる．

(2) (1) の 1 次不等式を満たす範囲は，図 9.4 の青いアミの部分である．

(3) $40x + 25y = w$ とすると，これは直線を表すが，$\dfrac{w}{25}$ はこの直線の y 切片で，したがって，この直線は w の増加とともに上に動く．

(4) 図の青いアミの部分を通る (3) の直線のうちで，w の値が最大になるのは，この直線が図の P(90, 20) を通るときで，そのときの w の値は，$w = 4{,}100$

(5) 以上により，求める解は，A を 90 単位，B を 20 単位生産するもので，そのときの利潤は，4,100 万円．

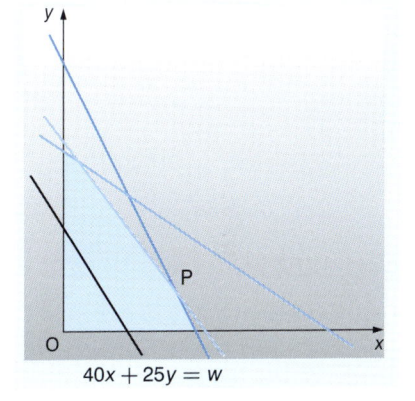

図 9.4 制約条件のグラフ

問 9.3 表 9.2 の条件に従って，目的関数
$$15x + 40y$$
の値を最大にする x, y を求めよ．
また，そのときの目的関数の値を求めよ．

表9.2 条件

	A	B	制約量
電力	3	10	720
水	5	6	480
人	3	2	240
生産量	x	y	

9.4 単体法の原理

いま，再び，前ページで扱った次の問題をあげる。以下の便宜上，x, y の代わりに，x_1, x_2 を用いる。

$$\text{制約条件} \quad \left.\begin{array}{rcrcr} 4x_1 & + & 3x_2 & \leqq & 420 \\ 2x_1 & + & x_2 & \leqq & 200 \\ 2x_1 & + & 3x_2 & \leqq & 400 \end{array}\right\} \tag{1}$$

$$x_1 \geqq 0, \quad x_2 \geqq 0 \tag{2}$$

目的関数 $\quad u = 40x_1 + 25x_2 \quad$ を最大にする

この場合には，変数が二つなので，前ページの例題 9.3 に示したように，グラフを使って解を求めることができたが，一般に，この種の問題では，変数の数はもっと多くて，このような形で解を見出すことはできない。

また，制約条件 (1) は不等式であるので，扱うのに不便である。

これらのことを考慮して，次のような扱い方を考える。

まず，変数 y_1, y_2, y_3 を導入して，(1) の不等式を，

$$\begin{array}{rcrcrcrcr} 4x_1 & + & 3x_2 & + & y_1 & & & = & 420 \\ 2x_1 & + & x_2 & + & & & y_2 & = & 200 \\ 2x_1 & + & 3x_2 & + & & & y_3 & = & 400 \end{array}$$

と，1 次方程式にする。この変数 y_1, y_2, y_3 は，制約条件にはまだこれだけの余裕がある，ということを示しているという意味で，**余裕変数**とよばれる。

ここで，

$$y_1 \geqq 0, \quad y_2 \geqq 0, \quad y_3 \geqq 0$$

である。もし最終的な解で，y_1, y_2, y_3 にプラスの値がでれば，それは，最適化の状態において，それだけ，まだ制約条件に達しない余裕があることを意味する。

この 1 次方程式の系から解を見出す方法が**単体法**である。単体法は，**単体表**という表を重ねていって最適解を見つける方法である。

9.4 単体法の原理

1. まず，A のほうが利潤が大きいので，A を，制約条件下で，最大限造ることを考える。制約条件の x_1 の係数で，制約量を割ってみると，

$$420 \div 4 = 105, \quad 200 \div 2 = 100, \quad 400 \div 2 = 200$$

であるから，2 番目の制約が一番きつく，A だけを造るとすれば，100 単位しか造れないことになる。そのときの利潤は，

$$40 \times 100 = 4000$$

であり，余裕変数 $y_2 = 0$．

2. 制約条件の第 2 式を x_1 について解く。

$$x_1 = 100 - \frac{1}{2}x_2 - \frac{1}{2}y_2 \tag{3}$$

これを，第 1 式，第 3 式に代入する。

$$4\left(100 - \frac{1}{2}x_2 - \frac{1}{2}y_2\right) + 3x_2 + y_1 = 420$$

すなわち， $\quad x_2 + y_1 - 2y_2 = 20 \tag{4}$

$$2\left(100 - \frac{1}{2}x_2 - \frac{1}{2}y_2\right) + 3x_2 + y_3 = 400$$

すなわち， $\quad 2x_2 - y_2 + y_3 = 200 \tag{5}$

3. (3), (4), (5) から，今度は，x_2 の制約についてみると，

$$100 \div \frac{1}{2} = 200, \quad 20, \quad 200 \div 2 = 100$$

となり，(4) の制約が一番きつい。そこでは，$x_2 = 20$ まで利用可能である。このとき，余裕変数 $y_2 = 0$ であるから，(3) から，

$$x_1 = 100 - \frac{1}{2} \times 20 = 90$$

このときの利潤は，

$$40 \times 90 + 25 \times 20 = 4,100$$

となる。(5) から，

$$y_3 = 200 - 2 \times 20 = 160$$

となり，ここには余裕が出たが，すでに $y_1 = 0, y_2 = 0$ とこちらの変数には余裕がないので，これ以上の生産はできないことになる。

9.5 単体表

単体法による計算の原理は，前ページに示した通りであるが，これをこのままでは，非常に複雑なことになる．実際には，表9.3に示すように，**単体表**というものを用いることによって，計算は機械的に進行させることができる．

1. 第1表1, 2, 3行に，制約条件を，係数だけ書く．このとき，制約条件の右辺を一番左（第3列目）に書いておくほうがよい．

表の上方に変数名 x_1, x_2, y_1, y_2, y_3 を書き，その上に，それぞれの利潤の値 C を書いておく．x_1 は 40，x_2 は 25 だが，余裕変数は利潤をもたないので，そこは 0 である．

表9.3 単体表の例

	C		40	25	0	0	0	
			x_1	x_2	y_1	y_2	y_3	
第1表								
0	y_1	420	4	3	1	0	0	105
0	y_2	200	2	1	0	1	0	100
0	y_3	400	2	3	0	0	1	200
	Z	0	0	0	0	0	0	
	$Z-C$	0	-40	-25	0	0	0	
第2表								
0	y_1	20	0	1	1	-2	0	20
40	x_1	100	1	$\frac{1}{2}$	0	$\frac{1}{2}$	0	200
0	y_3	200	0	2	0	-1	1	100
	Z	4,000	40	20	0	20	0	
	$Z-C$	4,000	0	-5	0	20	0	
第3表								
25	x_2	20	0	1	1	-2	0	
40	x_1	90	1	0	$-\frac{1}{2}$	$\frac{3}{2}$	0	
0	y_3	160	0	0	-2	3	1	
	Z	4,100	40	25	5	10	0	
	$Z-C$	4,100	0	0	5	10	0	

9.5 単体表

ここで，単位行列の形になっている第 6 ～ 8 列の部分に注目し，その変数名 y_1, y_2, y_3 を表の左側（第 2 列目）に書いておき，その左（第 1 列目）にその利潤を書いておく．今はいずれも 0 で意味をなさないが，以下の計算を続けていくときに重要になる．

第 4 行目には Z として，利潤を書く．これは，各変数名の下の列の数と第 1 列目の対応する数との積の和で，今はすべて 0 になる．

第 5 行目は $Z - C$ の値を書く．これがマイナスということは，もっと利潤をあげられることを意味する．

2. $Z - C$ の値がマイナスで，絶対値の一番大きいのは，x_1 の列である．ここの Z をあげることが，利潤をあげることに最も効果がある．どれだけあげられるかということは，x_1 の列で，制約量の列（第 3 列）を割ってみるとわかる．これを第 1 表右の枠外に示した．これによると，第 2 行の 100 までしかあげられない．

そこで，第 2 行を x_1 の列の 2 で割る．この 2 のある位置すなわち第 2 行第 4 列の位置を**ピヴォット**という．このピヴォットの位置の値を 1 にして，その上下の行の x_1 の列のところの値が 0 になるように，ピヴォットの行を用いて消去する．第 1 行からは 4 を掛けたものを引き，第 3 行からは 2 を掛けたものを引く．これは，p.181 で，$x_1 = 100 - \frac{1}{2}x_2 - \frac{1}{2}y_2$ を作って $4x_1 + 3x_2 + y_1 = 420$ 等に代入したことに相当する．

この操作によって，単位行列の形の部分は，y_1, x_1, y_3 の部分に移った．すなわち，y_2 のところが x_1 で置き換わったと見られるわけで，第 2 行第 2 列には x_1 を，そしてその左には，x_1 の利潤 40 を書く．これを用いて，利潤 Z と，$Z - C$ を計算する．

3. 2 と同様の操作を，第 2 表について繰り返す．

その結果，次の値が得られた．

$$x_1 = 90, \quad x_2 = 20, \quad y_3 = 160$$

$Z - C$ の行では，x_1, x_2 はともに 0 となるので，これ以上利潤をあげることはできず，最大の利潤として，$Z = 4{,}100$ を得る．

9.6 単体表の計算

前節で扱ったのは，変数が二つで，このときは，9.3 節でやったように，グラフを使っても解が求められる。しかし，変数が三つ以上となると，このような方法は適用できないから，単体表で計算するより他はない。

現在では，変数がいくつあっても，また制約条件がいくつあっても，また上の形でない複雑な問題についても，単体表による計算は，コンピュータで処理できる。

例題 9.4 表 9.4 の制約条件のもとに，目的関数

$$90x_1 + 70x_2 + 60x_3$$

の値の最大を求めよ。

表 9.4 制約条件 (1)

A	B	C	制約量
6	5	4	180
5	4	3	140

解

表 9.5 単体表

			90	70	60			
			x_1	x_2	x_3	y_1	y_2	
0	y_1	180	6	5	4	1	0	30
0	y_2	140	5	4	3	0	1	28
	Z	0	0	0	0	0	0	
	$Z-C$	0	-90	-70	-60	0	0	
0	y_1	12	0	0.2	0.4	1	-1.2	30
90	x_1	28	1	0.8	0.6	0	0.2	$\frac{28}{0.6}=46.\cdots$
	Z	2,520	90	72	54	0	18	
	$Z-C$	2,520	0	2	-6	0	18	
60	x_3	30	0	0.5	1	2.5	-3	
90	x_1	10	1	0.5	0	-1.5	2	
	Z	2,700	90	75	60	15	0	
	$Z-C$	2,700	0	5	0	15	0	

最適解　$x_1 = 10, x_2 = 0, x_3 = 30,$　最大利潤　2,700

練習問題

1 次の不等式を満たす点の範囲を図示せよ。

(1)　$x + 2y - 4 < 0$　　　　(2)　$3x - 2y + 2 \geqq 0$

2 次の連立不等式を満たす点の範囲を図示せよ。

(1)　$\begin{cases} x - y \geqq -6 \\ 3x + 2y \leqq 12 \end{cases}$　　(2)　$\begin{cases} x - y - 3 \leqq 0 \\ 7x - 2y - 11 \geqq 0 \\ 3x + 2y - 19 \leqq 0 \end{cases}$

3 以下の制約条件のもとに，利潤を最大にする解を求めよ。

(1)

表9.6　制約条件 (2)

	A	B	C	制約量
	1	3	2	4
	2	2	3	5
利潤	1	1	1	

(2)

表9.7　制約条件 (3)

	A	B	制約量
	8	3	360
	5	6	450
	4	3	240
利潤	3	2	

(3)

表9.8　制約条件 (4)

	A	B	制約量
	15	30	450
	24	6	240
	21	14	280
利潤	25	48	

参 考 図 書

　本書は，経済経営方面に学ぶ人たちの，一般教育としての数学の書物である．もし，読者が，経済数学をほんとうに学ぼうとするならば，もっと進んだ数学の勉強が必要になる．以下に，そのために参考になる著書をいくつかあげる．

　　　三土修平『初歩からの経済数学』日本評論社
　　　西村和雄『経済数学早わかり』日本評論社
　　　西村和雄『経済学ゼミナール』実務教育出版
　　　武隈愼一『演習ミクロ経済学』新世社
　　　日本経済新聞社『経済指標の見方』日経文庫
　　　宮沢健一『産業連関分析入門』日経文庫
　　　西田俊夫『Basic 経営科学』現代数学社

問 題 解 答

1 基礎的な関数
【練習問題】

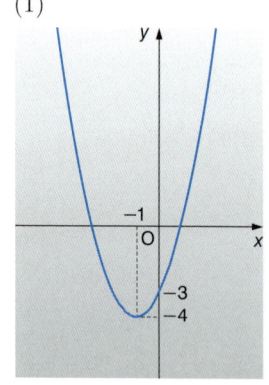

1 $x > 1,\ x \leqq 2$

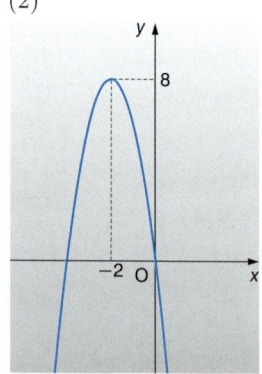

2 (1)   (2)

3 $x = 2,\ y = 20$

4 8枚

5, 6, 7 省略

8 (1)　5,050　　(2)　1,455　　(3)　46.2

9 労働者数の合計　13,750　　加重平均　372.2

10 (1)　$\theta = \dfrac{180(a - 2x)}{\pi x}$

　　(2)　$S = -x^2 + \dfrac{a}{2}x$　　$x = \dfrac{a}{4}$ のとき最大値 $\dfrac{a^2}{16}$, $\theta = \dfrac{360}{\pi}$

11 1回の発注量を x, 総費用を y とすれば,
$$y = 0.2 \times 1{,}200 \times \dfrac{x}{2} + \dfrac{3{,}000 \times 160{,}000}{x}$$
最大値は $x = \sqrt{\dfrac{3{,}000 \times 160{,}000 \times 2}{0.2 \times 1{,}200}} = 2{,}000$ のとき

問 題 解 答　　　　　　　　189

12　省略

2　微分法入門

問 2.1　(1)　$3x^2 - 4x + 3$　　(2)　$12x^3 + 2x$

(3)　$7x^6 + 5x^4 - 4x^3 + 3x^2 + 1$　　(4)　$-\dfrac{2}{x^3}$

(5)　$1 - \dfrac{1}{x^2}$　　(6)　$\dfrac{-2x^2 - 2x + 3}{(x^2 - x + 1)^2}$

問 2.2　(1)　$3(2x-1)(x^2 - x + 1)^2$　　(2)　$\dfrac{x}{\sqrt{x^2+1}}$

(3)　$-\dfrac{2}{(x-1)^3}$　　(4)　$-\dfrac{1}{2}\dfrac{1}{(x+1)^{\frac{3}{2}}}$

問 2.3　$y^n = x$ から　$ny^{n-1}\dfrac{dy}{dx} = 1$

$\therefore\ \dfrac{dy}{dx} = \dfrac{1}{n}\dfrac{1}{y^{n-1}} = \dfrac{1}{n}\dfrac{1}{x^{1-\frac{1}{n}}} = \dfrac{1}{n}x^{\frac{1}{n}-1}$

【練習問題】

1　(1)　$4x^3 + 4x - 5$　　(2)　$12x - 1$

(3)　$-\dfrac{2x}{(x^2+1)^2}$　　(4)　$\dfrac{-2x^3 + 1}{(x^3+1)^2}$

(5)　$4\left(x + \dfrac{1}{x}\right)^3 \left(1 - \dfrac{1}{x^2}\right)$　　(6)　$\dfrac{x}{\sqrt{x^2+1}}$

(7)　$-\dfrac{2}{\sqrt{x^2+1}(\sqrt{x^2+1}+x)^2}$　　(8)　$\dfrac{2}{3}x(x^2+1)^{-\frac{2}{3}}$

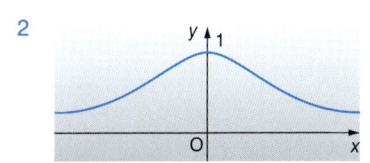

2　

接線の方程式　$y = -\dfrac{1}{2}x + 1$

3　(1)　$-\dfrac{y^{\frac{1}{3}}}{x^{\frac{1}{3}}}$　　(2)　a

4　(1)　$\dfrac{1}{4}$　　(2)　$-1, \dfrac{1}{3}$

5 $2, \dfrac{1}{2}$

3 微分法の応用——値の動きの分析

問 3.1 需要の価格弾力性 α
$\alpha > 1$ のとき弾力的，$\alpha < 1$ のとき非弾力的

【練習問題】

1 (1) $1 < x < 2$ (2) 極大値 $2(x=1)$ 極小値 $1(x=2)$
   (3) 最大値 $2(x=1)$ 最小値 $-3(x=0)$

2 (1) 極小値 $-6(x=1)$
   (2) 極大値 $-1(x=0)$ 極小値 $-4(x=\pm 1)$

3 $y = \pm \dfrac{3\sqrt{3}}{8} x + \dfrac{9}{8}$

4 $\sqrt{\dfrac{2 \times 60{,}000 \times 10{,}000}{4{,}000 \times 0.1}} \fallingdotseq 1{,}732$ （t）

5 (1)   MC：$C'(q) = 2q$ AC：$q + \dfrac{100}{q}$
   (2) $G = 50q - C(q) = 50q - q^2 - 100$
   $G' = 50 - 2q$ から，$q = 25$ のとき G は最大。
   (3) $G < 0$ となる条件。$AC' = 0$ から $q = 10$ が得られる。AC はこのとき最小値 20 となる。したがって価格 < 20 ならば生産量がいくらでも，利潤は生じない。

6 AC$= \dfrac{1}{3}q^2 - 3q + 15$ これの最大値は $q = \dfrac{9}{2}$，このとき AC の値は $-\dfrac{27}{4} + 15 = 8.25$ よって，市場価格 > 8.25 ならば，生産が実行できる。

7 $y = -4x^3 + 24x^2 - 36x + 8$

8 $-3 \leqq a \leqq 3$

9 $a = 2, b = 15$

4 指数関数的増大

【練習問題】

1 (1) -1023 (2) $\dfrac{364}{3}$ (3) $\dfrac{381}{16}$

2 $24{,}000 + 20{,}000(1.01 + (1.01)^2 + \cdots + (1.01)^{12}) =$ 約 $280{,}000$（円）

3 はじめに 30 万円 $\times (1.05)^2$ 借りて、それを 6 回で返すという勘定にすればよい。4.2 節で与えられた年賦償還の式から

$$x = \frac{0.05}{(1.05)^6 - 1}(1.05)^6 \times 30 \,(\text{万円}) \times (1.05)^2 = \text{約}\, 65,200\,(\text{円})$$

4 21 年

5 8 回

6 (1) $k(e^{kx} - e^{-kx})$ (2) $-2xe^{-x^2}$
 (3) $\dfrac{2x}{x^2 + 1}$ (4) $\dfrac{1}{\sqrt{x^2 + 1}}$

7 省略

5 多変数問題

問 5.1 $\dfrac{dy}{dx} = -\dfrac{2y}{3x}$

問 5.2 $F(x, y, \lambda) = x^2 + y^2 - \lambda(ax + by - c)$ とする。
$x = \dfrac{ac}{a^2 + b^2},\ y = \dfrac{bc}{a^2 + b^2}$

問 5.3 $F(x, y, \lambda) = px + qy - \lambda(x^a y^b - k)$ ($x^a y^b = k = $ 一定値とする)
 $F_x(x, y, \lambda) = 0,\ F_y(x, y, \lambda) = 0,\ x^a y^b = k$ より $px = a\lambda k,\ qy = b\lambda k$

$\therefore\ \lambda k = \left(\dfrac{p}{a}\right)^{\frac{a}{a+b}} \left(\dfrac{q}{b}\right)^{\frac{b}{a+b}} k^{\frac{1}{a+b}}$

$x = \left(\dfrac{p}{a}\right)^{-\frac{b}{a+b}} \left(\dfrac{q}{b}\right)^{\frac{b}{a+b}} k^{\frac{1}{a+b}}$

$y = \left(\dfrac{p}{a}\right)^{\frac{a}{a+b}} \left(\dfrac{q}{b}\right)^{-\frac{a}{a+b}} k^{\frac{1}{a+b}}$

【練習問題】

1 (1), (2), (3) 省略
 (4) f_x, f_y 省略 $f_{xx} = \dfrac{-2x^2 - 2xy + y^2}{(x^2 + xy + y^2)^2},\ f_{xy} = f_{yx} = \dfrac{-x^2 - 4xy - y^2}{(x^2 + xy + y^2)^2},$
 $f_{yy} = \dfrac{x^2 - 2xy - 2y^2}{(x^2 + xy + y^2)^2}$
 (5) $f_x = \dfrac{y - z}{(x + y)^2},\ f_y = -\dfrac{x + z}{(x + y)^2},\ f_z = \dfrac{1}{x + y},$
 $f_{xx} = -2\dfrac{y - z}{(x + y)^3},\ f_{yy} = 2\dfrac{x + z}{(x + y)^3},\ f_{zz} = 0,\ f_{xy} = f_{yx} = \dfrac{x - y + 2z}{(x + y)^3},$
 $f_{xz} = f_{zx} = f_{yz} = f_{zy} = -\dfrac{1}{(x + y)^2}$

2 曲面上の点 (x_0, y_0, z_0) における接平面の方程式は，
$x_0 x - y_0 y - (z+z_0) = 0$　曲面との交わりは，直線 $x-x_0 = y-y_0 = \dfrac{z-z_0}{x_0-y_0}$,
および直線 $x - x_0 = -(y - y_0) = \dfrac{z-z_0}{x_0+y_0}$

3 (1)　$f_x = f_y = 0$ より, $(0,0), (\sqrt{2}, -\sqrt{2}), (-\sqrt{2}, \sqrt{2})$　この各点で，ヘッシアン $= 0, > 0, > 0$　$(0,0)$ では, $x = y$ および $y = 0$ として, $(x, y) \to (0, 0)$ とすれば，極値を与えていないことが知られる。$(\sqrt{2}, -\sqrt{2}), (-\sqrt{2}, \sqrt{2})$ では極小を与え，極小値 $= -8$

(2)　$x = 1, y = 4$　最大値 50

4 (1)　$F(x, y, \lambda) = ax^2 + 2bxy + cy^2 - \lambda(x^2 + y^2 - 1)$
とする。$F_x = 0, F_y = 0, x^2 + y^2 = 1$ から
$$ax + by = \lambda x,\ bx + cy = \lambda y,\ ax^2 + 2bxy + cy^2 = \lambda$$
ゆえに，$ax^2 + 2bxy + cy^2$ の最大最小は　$\lambda^2 - (a+c)\lambda + ac - b^2 = 0$ の二つの解。

(2)　$x = y = \dfrac{1}{\sqrt{2}}$ のとき最大，最大値 $\dfrac{1}{\sqrt{2}}$
$x = y = -\dfrac{1}{\sqrt{2}}$ のとき最小，最小値 $-\dfrac{1}{\sqrt{2}}$

5 予算制約式は $5{,}000y = 10{,}000L, x = 365 - L$ より, $F(x, y, \lambda) = x^2 y^3 - \lambda(2x + y - 2 \times 365)$ として，ラグランジュ未定乗数法を適用。$3x = y$ を得るから, $x = 146, L = 219$

6 $z_x = \dfrac{2x^3}{\sqrt{x^4+y^4}}, z_y = \dfrac{2y^3}{\sqrt{x^4+y^4}}$ から
$$xz_x + yz_y = \dfrac{2x^4 + 2y^4}{\sqrt{x^4+y^4}} = 2\sqrt{x^4+y^4}$$

7 $u_x = v_y$ から $u_{xx} = v_{yx}$
$u_y = -v_x$ から $u_{yy} = -v_{xy}$
$v_{yx} = -v_{xy}$ であるから
$$u_{xx} + u_{yy} = 0$$
$v_{xx} + v_{yy} = 0$ についても同様

8　　$u_{xx} + u_{yy} = (3a+c)x + (b+3d)y$
これが x, y の値にかかわらず $= 0$ ということから

$3a + c = 0, \ b + 3d = 0$

次に，
$$v_y = u_x = 3ax^2 + 2bxy + cy^2$$
これから
$$v = 3ax^2 y + bxy^2 + \frac{1}{3}cy^3 + w(x)$$
ただし，$w(x)$ は x のみの関数。
これから
$$v_x = 6axy + by^2 + w'(x)$$
$$= -u_y$$
$$= -bx^2 - 2cxy + by^2$$
これから，はじめの a, c の関係，b, d の関係を代入すると，
$$= 3dx^2 + 6axy + by^2$$
ゆえに
$$w'(x) = 3dx^2$$
ゆえに
$$w(x) = dx^3 + \text{const.}$$
したがって，
$$v = dx^3 + 3ax^2 y - 3dxy^2 - ay^3 + \text{const.}$$

6 行列

問 6.1　B 商店　190　C 商店　455

問 6.2　$AB = \begin{bmatrix} 12 & -16 \\ 53 & -60 \end{bmatrix}, \quad BA = \begin{bmatrix} 52 & -74 \\ 72 & -100 \end{bmatrix}$

【練習問題】

1　$\begin{bmatrix} 40 & 104 \\ -34 & -95 \end{bmatrix}$

2　省略

3　$\begin{bmatrix} 3 & 8 \\ 1 & -23 \end{bmatrix}$

4 $\begin{bmatrix} 1 & -2 \\ -3 & 6 \end{bmatrix}$

5 (1) $\begin{bmatrix} -55 & 13 \\ -38 & 10 \end{bmatrix}$ (2) $\begin{bmatrix} -36 & 16 \\ -5 & -9 \end{bmatrix}$

6 $\begin{bmatrix} -5 & 10 \\ -10 & 13 \end{bmatrix}$

7 $AX = \begin{bmatrix} 15 & 15 & 15 \\ 3 & 5 & 7 \\ 4 & 9 & 2 \end{bmatrix}, \quad BX = \begin{bmatrix} 8 & 1 & 6 \\ 11 & 6 & 13 \\ 12 & 10 & 8 \end{bmatrix}, \quad CX = \begin{bmatrix} 12 & 10 & 8 \\ 7 & 14 & 9 \\ 4 & 9 & 2 \end{bmatrix},$

$DX = \begin{bmatrix} 8 & 1 & 6 \\ 3 & 5 & 7 \\ 15 & 15 & 15 \end{bmatrix}, \quad EX = \begin{bmatrix} 4 & 9 & 2 \\ 3 & 5 & 7 \\ 8 & 1 & 6 \end{bmatrix}, \quad XA = \begin{bmatrix} 8 & 9 & 14 \\ 3 & 8 & 10 \\ 4 & 13 & 6 \end{bmatrix},$

$XB = \begin{bmatrix} 15 & 1 & 6 \\ 15 & 5 & 7 \\ 15 & 9 & 2 \end{bmatrix}, \quad XC = \begin{bmatrix} 8 & 1 & 15 \\ 3 & 5 & 15 \\ 4 & 9 & 15 \end{bmatrix}, \quad XD = \begin{bmatrix} 14 & 7 & 6 \\ 10 & 12 & 7 \\ 6 & 11 & 2 \end{bmatrix},$

$XE = \begin{bmatrix} 6 & 1 & 8 \\ 7 & 5 & 3 \\ 2 & 9 & 4 \end{bmatrix}$

8 $\begin{bmatrix} 1 & 0 \\ 0 & 0 \end{bmatrix}, \begin{bmatrix} 0 & 0 \\ 0 & 1 \end{bmatrix}, \begin{bmatrix} 1 & 0 \\ 0 & 1 \end{bmatrix}$

または，b, c は任意で，a が $a^2 + bc = a$ を満たす数のとき

$\begin{bmatrix} a & b \\ c & 1-a \end{bmatrix}$

7 連立 1 次方程式

問 7.1 省略

問 7.2 (1) $\begin{bmatrix} 1 & 0 \\ -2 & 1 \end{bmatrix}$ (2) $-\dfrac{1}{11}\begin{bmatrix} -4 & -1 \\ -3 & 2 \end{bmatrix}$ (3) $-\dfrac{1}{2}\begin{bmatrix} 0 & 1 \\ 2 & 5 \end{bmatrix}$

問 7.3 (1) $x = -2, y = 5$ (2) $x = 2, y = 1$

問 題 解 答

【練習問題】

1 (1) $\begin{bmatrix} 5 & 3 \\ 2 & 1 \end{bmatrix}$ (2) $\begin{bmatrix} 3 & -2 \\ 10 & -7 \end{bmatrix}$

2 $\begin{bmatrix} 9 & -2 \\ -5 & 1 \end{bmatrix}$

3 (1) $x=-47, y=29$ (2) $x=-1, y=8$

4 $x=0, y=2, z=8$

5 $x=9.5, y=-9, z=0.5, u=-4$

8 産業連関問題

問 8.1 　上左のところから
　40, 30, 40, 20
　50, 200, 30, 100, 40, 100
　110, 250, 900, 1500, 360, 500
　100, 30, 20, 60, 100, 100

問 8.2 $\begin{bmatrix} 0.05 & 0.3 & 0.25 \\ 0.3 & 0.05 & 0.45 \\ 0.25 & 0.195 & 0.17 \end{bmatrix}$

【練習問題】

1 　第 1 部門　35　　第 2 部門　18.75

2 　第 1 次産業　29　　第 2 次産業　55　　第 3 次産業　71

3 　第 1 部門　3 億円　　第 2 部門　2.9 億円

9 線形計画法

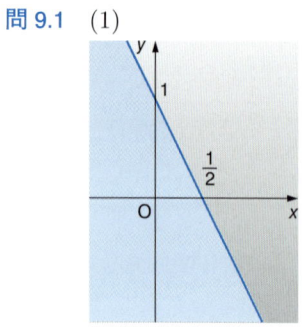

問 9.1 (1)

(2)

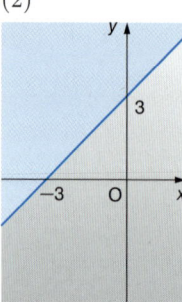

問 9.2

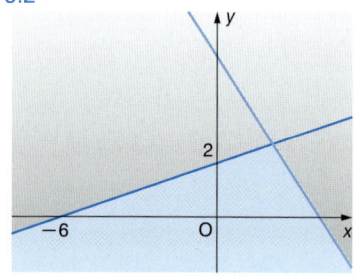

問 9.3

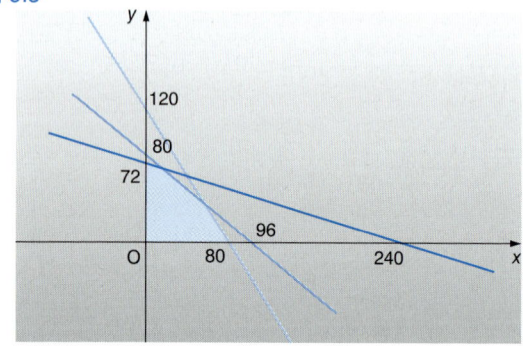

最適解　$x = 15, \ y = \dfrac{135}{2}$

最大値　$2{,}925$

【練習問題】

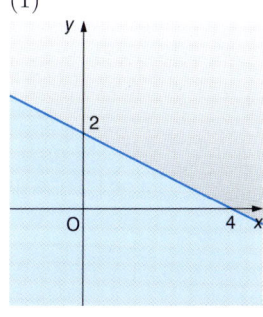

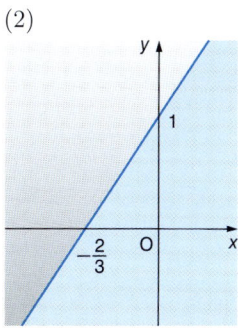

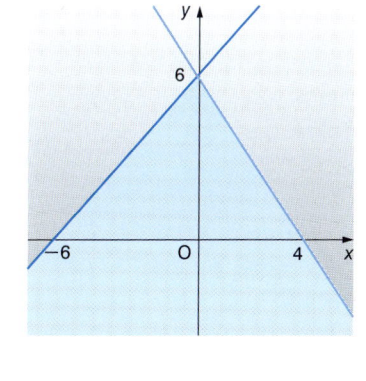

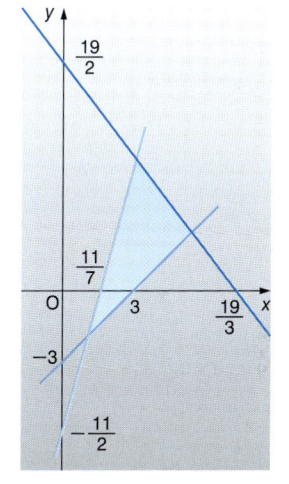

1 (1) [グラフ: 切片 $y=2$, x 切片 4 の直線の下側領域]

(2) [グラフ: 切片 $y=1$, x 切片 $-\frac{2}{3}$ の直線の上側領域]

2 (1) [グラフ: 点 $(-6,0)$, $(0,6)$, $(4,0)$ を頂点とする三角形領域]

(2) [グラフ: 頂点が $\frac{19}{2}$, $\frac{19}{3}$, $\frac{11}{7}$, $-\frac{11}{2}$, -3, 3 を通る領域]

3 (1) A を 1.75, B を 0.75 作る　利潤=2.5
 (2) A を 30, B を 40 作る　利潤=170
 (3) A を 5, B を 12.5 作る　利潤=725

索　引

あ　行

鞍点　108，109

意識的変動　12
1次関数　16
1次式　22，27
1次不等式　175，176
伊藤　清　130
陰関数　114

ウェイト　26
　　──付きの平均　26
上に凸　67

円錐の体積　57

オペレーションズ・リサーチ　174
重み　26
折れ線グラフ　3

か　行

階乗　54
階段グラフ　3
カヴァリエリ（Cavalieri, F. B）　60
価格　72
加重平均　26
数を掛ける演算　139
型　138
角のある曲線　43
加法　139
関数　7，17

関数値の増減　64
元利合計　85

逆関数　34
逆行列　148
球の体積　58
球の表面積　59
行　138
供給曲線　6，35，77
供給の価格弾力性　74，77
行列　138，141
　　──式　148
　　──の乗法　141
　　──の積　141
　　──の要素　139
極限値　46
極小　65，66，116
　　条件付き──　120
曲線の曲がり方　67
極大　65，66，116
　　条件付き──　120
極値　65，66
　　──の判定　68

偶然変動　12
グラフ　4，18
グローバルな動き　2

景気動向指数　78
ケインズ（Keynes, J. M.）　130
限界効用　127
　　──逓減の法則　127

限界収入　52
限界代替率　125, 128
　　──逓減の法則　125
限界費用　52, 71

項　23
公差　23
項数　23
合成関数　50
公比　88
効用関数　116, 124, 127
固定費　21
コブ（Cobb）・ダグラス（Douglas）型　126

さ　行

財　7
在庫問題　31, 70
最終需要　156
最小値　33
最適解　178
産業連関表　156, 158, 160, 161
産業連関問題　156
3元以上の連立1次方程式　150
産出　156

次元　132
指数関数　84
　　──的増大　82, 83
　　──の微分法　96, 97
指数法則　38
自然科学　14
下に凸　67
社会科学　14
従属変数　17, 35
収入関数　52
需要曲線　6, 35
需要の価格弾力性　74〜76
条件付き極大・極小　120

消費者物価指数　27
信用創造　90
　　──の乗数　90

数理計画　174
数理経済学　130
数量　132
数列　23

正規分布曲線　103
生産関数　124, 125
正比例　16
製品製造原価　21
成分　132
正方行列　142
制約条件　122, 175, 178
接線　42, 43, 45, 64
接平面　111, 112
0行列　140
線形計画　175
　　──法　178
　　──問題　178
全微分　113

双曲線　30
双曲放物面　108, 109
増殖　100
総生産高　161
添数　22
損益分岐点　20, 21
　　──比率　20

た　行

対数　94
対数関数　92
　　──の底　92
　　──の微分法　96, 98
対数微分法　99
第2階導関数　67, 69

索　引

楕円放物面　108, 109
縦ベクトル　137
単位行列　142
単純平均　25
単体表　180, 182, 184
単体法　180
弾力的　75

力の平行四辺形　133
中間需要　156

定数　17
手形割引　87

導関数　44, 46, 64
等高線　108, 109
等差数列　23
　——の和　24
投入　156
投入係数　163, 164
投入産出表　156, 161, 170
等比数列　88, 94
　——の和　89
等量曲線　124, 125
独立変数　17, 35
トリチェルリ（Torricelli, E.）　60

な　行

滑らかな曲線　43

2項係数　54
2項定理　54, 55
2次関数　28, 69
二重添数　138
日経平均株価　25
2変数の関数　108
ニュートン（Newton, I.）　60, 62
ニュートンの冷却の法則　101

年賦償還　91

は　行

バーロウ（Barrow, I.）　60
パイグラフ　5
掃き出し法　150, 151
パスカルの三角形　55
パターン化　11
反比例　30

ピヴォット　183
非弾力的　75
微分　44, 46, 48, 50
微分係数　43, 46, 64
費用　52, 71
表　4, 136, 138
費用関数　52, 71
標準正規分布曲線　103
標準偏差　103
ピラミッドグラフ　2
比例　16
比例定数　16

フェルマ（de Fermat, P.）　60
付加価値　161, 169
プリンキピア　62
分数関数　30
分析　9

平均　25, 103
平均費用　71
平方根の関数　34
ベクトル　132〜134
ヘッシアン　116, 119
偏差値　103
変数　7, 17
変動　12
偏導関数　110
変動費　21

偏微分　110

棒グラフ　5
放物線　28
飽和状態　101

ま　行

マーシャル（Marshall, A.）　35
末項　23

無限等比級数の和　89
無差別曲線　127

や　行

要素　139
横ベクトル　137
予測　9
余裕変数　180

ら　行

ライプニッツ（Leibniz, G. W. F.）　60, 62
ラグランジュ（Lagrange）の未定乗数法　122
ラスパイレス（Laspeyres）型指数　27

離散的　11

離散的変化　11
利潤　71, 72

累乗の一般化　36

レオンティエフ（Leontief）の基本方程式　165〜167
列　138
連続的変化　11
連立1次方程式　146
連立不等式　176

ローカルな動き　2
ロジスティック曲線　102

わ　行

和　22
和状態　101
割引現在価値　87
割引率　87

欧　字

DI（diffusion index）　78
e　97, 104
n 乗根　37
OR　174
S 型曲線　102
$\sum$　22

著者紹介

竹之内　脩（たけのうち　おさむ）

1947 年　東京帝国大学理学部数学科卒業
1960～1965 年　岡山大学教授
1965～1988 年　大阪大学教授
1988～2001 年　大阪国際大学教授
　　　　　大阪大学名誉教授，大阪国際大学名誉教授，
　　　　　理学博士
2020 年　逝去

主要著書
トポロジー
集合・位相
微分積分学
解析学概説
函数解析
常微分方程式
フーリエ展開
ルベーグ積分
数学的構造
線形代数

新経済学ライブラリ＝別巻9

経済・経営系　数学概説　第2版

1998年12月25日ⓒ	初　版　発　行
2008年1月25日	初版第11刷発行
2009年10月10日ⓒ	第　2　版　発　行
2021年9月10日	第2版第10刷発行

著　者　竹之内　脩	発行者　森平敏孝
	印刷者　加藤文男
	製本者　小西惠介

【発行】　株式会社　新世社
〒151-0051　東京都渋谷区千駄ヶ谷1丁目3番25号
☎(03)5474-8818(代)　　サイエンスビル

【発売】　株式会社　サイエンス社
〒151-0051　東京都渋谷区千駄ヶ谷1丁目3番25号
営業☎(03)5474-8500(代)　振替00170-7-2387
FAX☎(03)5474-8900

印刷　加藤文明社　　製本　ブックアート
《検印省略》

本書の内容を無断で複写複製することは，著作者および出版者の権利を侵害することがありますので，その場合にはあらかじめ小社あて許諾をお求め下さい。

ISBN 978-4-88384-137-0
PRINTED IN JAPAN

サイエンス社・新世社のホームページのご案内
http://www.saiensu.co.jp
ご意見・ご要望は
shin@saiensu.co.jp　まで．

グラフィック[経済学] 1

グラフィック
経 済 学
第2版

浅子和美・石黒順子 著
A5判／400頁／本体2,300円（税抜き）

主に日本の経済をベースに，経済学の基礎概念をやさしく解説して好評を博した，入門テキストの改訂版．リーマン・ショック後の世界同時不況，東日本大震災，日本における政権交代など，初版刊行以降の情勢の変化についても言及し，経済データも最近期のものにアップデート．また，新たな Q&A，コラムなどの記事を加え，親しみやすさ・わかりやすさにより配慮した．左右見開き体裁・見やすい 2 色刷．

【主要目次】
　経済学とは何か？／GDPを理解する／景気の動きをつかむ／個人・家計の選択／企業の営み／市場メカニズムの働き／金融を理解する／財政・社会保障を理解する／経済の開放・グローバル化／残った話題

発行　新世社　　　発売　サイエンス社

グラフィック[経済学] 2

グラフィック
マクロ経済学
第2版

宮川　努・滝澤美帆　著
A5判／424頁／本体2500円（税抜き）

本書は，刊行以来好評を博してきた入門テキストの改訂版です．近年，世界経済が大きく変化する中，日本経済は停滞を続けています．そのような現実の経済の動きと理論の発展を関連づける意味からも，第2版では経済データを全面的に入れ替えました．そして，金融政策に関する解説を大幅に改訂し，ゼロ金利政策や量的緩和政策などについても記述を充実させました．さらに，経済を長期的・持続的に底上げするための成長政策の必要性について，新たに章を設け解説しました．見開き・2色刷．

【主要目次】
はじめに／国民経済計算の仕組み／景気循環を調べる／経済成長を考える／労働市場の役割／消費と貯蓄の理論／企業の設備投資を考える／財・サービス市場における需要と供給の一致／金融市場を分析する／マクロ経済体系／財政政策／金融政策／成長政策

発行　新世社　　　発売　サイエンス社

グラフィック[経済学] 3

グラフィック
ミクロ経済学
第2版

金谷貞男・吉田真理子 著
A5判／328頁／本体2500円（税抜き）

「日本で一番やさしいミクロ経済学の教科書」として好評を博してきたベストセラーテキスト待望の第2版．「国際貿易」の章を新たに加え，部分的な構成の変更や説明の補足を行った．統計データのアップデイトを行い，ミクロ経済学の最新の話題にも言及した．また，一層の読みやすさに配慮し，装いも新たにした．2色刷．

【主要目次】
はじめに／市場の理論／家計の理論／生産の理論／費用の理論／独占の理論／厚生経済学／国際貿易

発行　新世社　　　発売　サイエンス社